KB180769

비즈니스 영어 파일

비즈니스 영어 파일 (Business English File)

1판 1쇄 인쇄 _ 2015년 08월 20일
1판 1쇄 발행 _ 2015년 08월 30일

지은이 _ 신규철
펴낸이 _ 홍정표

펴낸곳 _ 글로벌콘텐츠
등록 _ 제 25100-2008-24호

공급처 _ (주)글로벌콘텐츠출판그룹
이사 _ 양정섭 디자인 _ 김미미 편집 _ 김현열 송은주 기획·마케팅 _ 노경민
경영지원 _ 안선영
주소 _ 서울특별시 강동구 천중로 196 정일빌딩 401호 전화 _ 02-488-3280 팩스 _ 02-488-3281
홈페이지 _ www.gcbook.co.kr

값 13,800원
ISBN 979-11-5852-002-1 03740

BUSINESS ENGLISH FILE

비즈니스 영어 파일

신규철 지음

글로벌콘텐츠

이 책의 주요 특징

- 대학생 및 비즈니스맨을 위한 **실무영어 지침서**
- 비즈니스 영어 **주요 표현 총정리**
- 이메일 영어/ 전화 영어/ 취업 영어/ 무역 영어 **가이드라인 제시**
- 비즈니스 상황별, 시간대별 **핵심표현 해설**
- 비즈니스 영어 Copy Writing **연습**
- 비즈니스 영어 **빈출 어휘 총정리**

머리말

글로벌 시대를 살아가는 우리에게 영어의 경쟁력을 갖추는 일은 너무나 중요하다. 그리고 비즈니스 현장에서 영어를 효율적으로 잘 쓰고 구사하는 능력은 개인의 능력을 평가하는 기준이 되고, 한 개인의 성공을 가름하는 척도가 될 수 있다. 이 책은 이런 상황 속에서 단기간에 효율적으로 비즈니스 현장에 필요한 영어를 마스터할 수 있도록 구성하였다.

비즈니스 영어에 필요한 이메일 영어, 전화 영어, 취업에 필요한 이력서 작성 영어, 미팅이나 상황에 필요한 무역 영어, 프레젠테이션 영어 등에 필요한 영어 표현 등을 수록하여 편리하게 학습할 수 있게 유익한 내용만을 엄선하여 정리하였다. 이 책이 비즈니스 현장에서 일하는 비즈니스맨은 물론, 기업에 취업을 위하여 준비하는 대학생들의 취업 영어에도 조그마한 도움이 되기를 바란다. 끝으로 이 책이 나오기까지 도움을 주신 글로벌콘텐츠 사장님과 편집진에게 감사의 말씀을 드리는 바이다.

2015년 6월

지은이

Contents

PART II 비즈니스 상황별 실전 영어

Contents

PART III

비즈니스 실전 영어

PART I 비즈니스 영어의 기본 표현

1 인사말

비즈니스 상황이나 이메일로 편지를 쓸 때 처음에 하는 인사말이다. 격식을 갖춰 인사말을 할 때와 편안한 사이에서 하는 인사말이 조금씩 다르니 주의해야 한다.

Dear Mr./Mrs./Ms. ~에게

➔ 격식을 갖춰 인사말할 때

이름 뒤에 콜론(:)을 쓸 때와 세미콜론(;)을 찍을 때도 약간의 차이를 준다. 콜론을 쓰면 좀 더 격식 있는 상대에게 쓰는 것이고, 세미콜론을 쓰면 좀 더 가까운 사이에 쓰는 경우에 쓰는 것이 일반적이다.

Hi/Hello ~에게

➔ 가볍게 인사말할 때

평소 가까운 친구 사이이거나 친한 사이일 때, 가벼운 인사말로 바로 시작할 수 있다.
격식을 갖출 필요가 없는 편지나 글에 활용할 수 있다.

Dear John John에게

➔ 이름을 붙여 말할 때

Dear 뒤에 이름을 바로 쓰면 좀 더 친근한 사이임을 보여 줄 수 있다.

To Whom It May Concern 담당자(관계자)에게

상대방을 잘 모르는 경우에 많이 쓰는 표현이다.

시작 부분

편지의 도입 부분에는 앞의 내용에 대해 감사-부연-유감 등을 나타내는 표현들이 나온다.
영어는 우리말과는 달리, 말하고자 하는 이유나 목적을 먼저 밝히는 것이 일반적이다. 다음과 같은 표현들이 글의 앞에 보통 나오는 것들이니 명심하기 바란다.

감사의 표현

- Thank you for your email of ____________

  ➡ 당신의 ____________ 이메일에 대해 감사한다.

- Thanks for your email.

  ➡ 당신의 이메일에 대해 감사한다.

감사의 의도를 나타내는 표현으로 thank you for ~, thanks for 등이 있다.
먼저 감사의 말을 전한 뒤에 글을 시작하도록 하자!

부연 또는 자세한 내용을 말할 때

- Further to your last email, ________

  당신의 지난 이메일에 대해 부연하여 말하자면.

- Re your email, ________

  당신의 이메일에 대하여 말하자면.

지난 이메일이나 편지에 대해 부연하고자 하는 말에는 further to ~, re ~ 등이 있다. 언급하고자 하는 지난 내용을 먼저 상기 시킨 후에, 말을 시작하면 상대에게 내용을 보다 분명히 전달할 수 있다. re는 regarding을 말하는 것이다.

사과 또는 유감을 말할 때

- I apologize for not getting in contact with you before now.

  전에 당신과 연락을 취하지 못해 사과드립니다.

·get in contact with: ~와 연락하다

- Sorry I haven't written for ages, but I've been really busy.

  오랫동안 편지를 쓰지 못해 미안해요. 하지만 정말 바빴어요.

·연락을 못한 것에 대한 사과와 양해를 구할 때 쓴다.

·for ages: 오랫동안, have+P.P.는 과거에서 시작하여, 현재에 이르는 시점을 말하는 것으로 단지 과거형으로 쓰지 않는 것에 주의한다.

유감이나 사과를 해야 하는 경우에는 apologize for, sorry ~ 등을 사용한다.
유감이나 사과의 의도를 먼저 나타냄으로써 글의 의도를 정확히 전달하게 된다.

Review

1. Thanks so much for the wonderful present.

멋진 선물에 대해 감사드립니다.

2. Re your last email, we are in the process of arranging the meeting scheduled for 12 June, but there are still a few details I need from you.

당신의 지난 이메일에 대해, 우리는 6월 12일로 예정된 미팅을 준비 중에 있습니다. 하지만 저는 당신에게 필요한 사항이 좀 남아 있습니다.

3

도입 부분에 쓰는 표현

편지를 쓸 때 처음에 편지를 쓰는 이유를 밝혀야 한다. 이메일을 쓰는 이유를 구체적으로 정확하게 제시하고 글을 전개하면 상대방이 글의 목적과 이유를 바로 파악하고 이해를 할 수 있다.

I am writing about (in connection with/ with regard to ~), I am writing to ~, just a short note about ~, in reply to ~ 등으로 글을 시작하면 전체적인 의도를 잘 전달할 수 있다.

- I am writing in connection with ______________________
  - 저는 ~과 관련하여 글을 씁니다.

- Just a short note about ______________________
  - ~에 대한 간단한 공지사항입니다.

- I am writing with regard to ______________________
  - 저는 ~에 대해 글을 씁니다.

- I'm writing about ______________________
  - 저는 ~에 관해 글을 쓰고 있습니다.

- In reply to your email, here are ______________

  ➾ 당신의 이메일에 대한 답변으로 여기 ~한 글을 씁니다.

- Here's the ______________ you wanted.

  ➾ 여기 당신이 원했던 ~한 내용이 있습니다.

- Your name was given to me by ______________

  ➾ 당신의 이름이 ~에 의해 저에게 전해졌습니다.

- I got your name from ______________

  ➾ 저는 ~로부터 당신의 이름을 받았습니다.

- We would like to point out that ______________

  ➾ 우리는 ~한 사실을 지적하고 싶습니다.

- Please note that ______________

  ➾ ~한 내용을 주목해 주시기 바랍니다.

- I'm writing with regard to your recent email.

  ➾ 당신의 최근 이메일에 대해 글을 씁니다.

- I'm writing with reference to our order number 1.

  ➾ 우리의 주문 번호 1번에 대해 관련 글을 씁니다.

4 자기소개 표현

- I will introduce myself a little.
  - 나를 좀 소개하겠습니다.

- Let me start off by introducing our new business.
  - 우리의 새 비즈니스를 소개함으로써 시작하겠습니다.

- Let me tell you about myself briefly.
  - 제 자신에 대해 간단하게 여러분에게 말하겠습니다.

- My name is Shin Sa-im, and I'm in charge of the Marketing Team.
  - 내 이름은 신사임이고, 마케팅팀 담당자입니다.

- I'm responsible for the Planning Team.
  - 나는 계획팀을 책임지고 있습니다.

- I'm the person who called you yesterday about purchasing your product.
  - 나는 당신 제품 구입에 대해 어제 전화했던 사람입니다.

▪ This is Alex, the person who gave you a call about the product a few days ago.

➡ 저는 알렉스이며, 며칠 전 그 제품에 대해 전화했던 사람입니다.

▪ I talked you on the phone a couple of days ago regarding the new project we can offer.

➡ 나는 우리가 제안할 수 있는 새 프로젝트에 관해, 며칠 전 전화로 당신에게 말했었습니다.

5 정보를 제공할 때 쓰는 표현

내용을 전달하거나 추가적인 내용 보고, 확인하고 싶은 내용을 표현할 때 쓰이는 영어 표현을 알아보자.

- I'm writing to let you know that ______________________

  저는 ~를 당신에게 알려 주기 위해 글을 씁니다.

- Just a note to say ______________________

  ~을 말해 주려고 간단히 글을 씁니다.

- We are able to confirm that ______________________

  우리는 ~을 확인할 수 있습니다.

- We can confirm that ______________________

  우리는 ~을 확인할 수 있습니다.

- I'm delighted to tell you that ______________________

  저는 당신에게 ~을 말하게 되어 기쁩니다.

- Good news! 좋은 소식입니다.

▪ We regret to inform you that ___________________________

➡ 우리는 당신에게 ~을 알리게 되어 유감입니다.

▪ Unfortunately, ___________________________

➡ 유감스럽게도, ~합니다.

·I am contacting you because I would like to know about the product. (연락하는 이유)

·I send you email because I want to know about the new item. (이메일을 보내는 이유)

Review

1. We regret to inform you that there are no double rooms available for the nights you require.

   우리는 당신이 요구한 2인용 방이 없다는 것을 알리게 되어 유감입니다.

   ·유감을 나타낼 때 자주 쓰는 표현이다, regret to inform ~ that: ~에게 유감스러움을 알리다.

2. Unfortunately, the items you ordered are not in stock, but we're expecting delivery by the end of the week.

   유감스럽게도, 당신이 주문한 물건은 재고가 없습니다. 그러나 우리는 이번 주까지 배달을 예상하고 있습니다.

   ·처음에 비즈니스 상황이 좋지 않은 경우에는 unfortunately를 써서 다음 글의 내용을 추측하게 한다.

3. Good news! Subscribers to our email newsletter can take advantage of fantastic price savings in our January sale.

좋은 소식입니다. 우리의 이메일 뉴스레터 구독자들이 1월 세일에서 놀랄 만한 가격 절약을 이용할 수 있습니다.

·좋은 소식은 빨리 알리는 게 좋겠지요. 앞에 good news라는 글을 넣으면 글을 읽는 사람이 기대를 하며 글을 읽게 됩니다. 이런 표현은 많이 쓰면 좋겠지요.

4. Just a short note to let you know that we received your order.

우리가 당신의 주문을 받았다는 것을 알려 주는 짧은 내용입니다.

·간단하게 내용을 언급하겠다는 내용을 쓰는 표현입니다.

5. Just a quick note to say I really enjoyed last night.

제가 정말로 어젯밤에 즐거웠다고 말해 주는 짧고 빠른 내용의 글입니다.

·간단한 내용을 강조할 때, quick note라고 하면, 먼저 언급하고 싶다는 마음을 잘 전달하게 됩니다.

6 내용을 첨부할 때 쓰는 표현

내용을 첨부할 때, attach라는 말을 쓰게 된다. 파일을 첨부할 때 다음과 같은 표현을 많이 쓴다. 명사형은 attachment이다.

- Please find attached my report.
  - 첨부한 나의 리포트를 찾아보세요.
- I've attached ______________.
  - 저는 ~을 첨부합니다.
- I'm sending you ______________ as a pdf file.
  - 저는 pdf 파일로써 ~을 당신에게 보냅니다.
- Here is the ______________ you wanted.
  - 여기 당신이 원했던 ~이 있습니다.

·메일을 전송할 때는 forward를 사용하여 표현한다. I'll forward this attachment.

·한꺼번에 여러 사람이 내용을 공유하고자 할 때 CC(참조)를 씁니다. 그리고 본인 이외에 받은 사람을 모르게 할 때는 Bcc(숨은 참조)를 씁니다.

Review

1. I've attached a pdf file that gives full details, or alternatively just click on the link below.

저는 아주 자세하게 설명해 주는 pdf 파일을 첨부합니다. 아니면 아래 링크된 것을 단지 클릭해도 됩니다.

2. Please find attached my report, as promised in Monday's meeting.

월요일 회의에서 약속한 것처럼 첨부한 나의 리포트를 확인하세요.

7 정보를 요청할 때 쓰는 표현

정보나 내용을 더 알고 싶을 때는 give information, tell ~ about, would like to know 등을 써서 표현합니다.

- Could you give me some information about ____________?
  ➾ 저에게 ~에 대한 정보를 줄 수 있습니까?

- Can you tell me a little more about ____________?
  ➾ 저에게 ~에 대한 내용을 좀 더 말해 줄 수 있습니까?

- I would like to know ____________
  ➾ 저는 ~을 말하고 싶습니다.

- I'd like to know ____________
  ➾ 저는 ~을 말하고 싶습니다.

- I'm interested in receiving/finding out ____________
  ➾ 저는 ~을 받는 데/찾는 데 관심이 있습니다.

- Please send me ____________
  ➾ 저에게 ~을 보내 주세요.

8 요구할 때 쓰는 표현

상대에게 요구할 때는 I'd be grateful if ~ (~하면 고맙겠습니다), I wonder if ~ (~인지 알고 싶습니다) 등을 활용하면 좋습니다.

- I'd be grateful if you could ______________________

  ➾ 저는 당신이 ~을 할 수 있으면 고맙겠습니다.

- Please could you ______________________

  ➾ ~을 할 수 있습니까?

- I wonder if you could ______________________

  ➾ 당신이 저에게 ~을 해 주시겠습니까?

- Could you ______________________?

  ➾ ~을 할 수 있습니까?

- Do you think I could have ______________________?

  ➾ 제가 ~을 할 수 있다고 생각하십니까?

▪ Can I have ________________________?

➜ 제가 ~을 가져도 될까요?

▪ Thank you in advance for your help in this matter.

➜ 이 문제에 대해 먼저 도움에 감사드립니다.

·사전에 미리 고맙다는 뜻을 전하고 싶을 때, in advance(사전에)를 이용하여 표현한다.

▪ I'd appreciate your help on this.

➜ 이것에 대해 당신의 도움에 감사드립니다.

·appreciate는 뒤에 목적어로 '사물'을 대상으로 한다는 점에 주의한다. 따라서 ~을 감사한다는 뜻이다.

Review

1. 감사함을 나타내는 표현에는 thank, appreciate 등이 있는데 두 단어에는 약간의 차이가 있다. thank 뒤에는 '사람'을 목적어로 써서 "~ 에게 감사하다"는 뜻을 나타내고, appreciate 뒤에는 사물을 목적어로 써서, "~을 감사한다"는 뜻이다.

2. 함께 일하게 되어 영광이라고 상대를 올려주는 것도 비즈니스의 주요 스킬이다.
It's a honor to be able to work with you. I'm so happy to serve our customers.
한편, 그런 칭찬을 들었을 때는 The pleasure is mine이라고 하면 됩니다.

~을 하겠다고 약속할 때

비즈니스나 이메일로 많이 사용하는 동사는 investigate, look into(자세히 검토하다), contact(연락하다), get back to(다시 연락하다) 등이 있다.

- I'll ______________________

  나는 ~ 하겠다.

- I'll investigate the matter.

  나는 그 문제를 자세히 검토하겠다.

- I'll look into it.

  나는 그것을 자세히 검토하겠다.

- I will contact you again shortly.

  나는 너에게 곧 다시 연락하겠다.

  ·shortly: 곧, 바로

- I'll get back to you soon.

  나는 너에게 곧 연락하겠다.

- I will look into it first and then call you back.

  제가 그것을 먼저 검토하고 다시 당신에게 연락하겠습니다.

9 상대에게 도움이나 제안할 때 쓰는 표현

공손하게 부탁하는 경우는 would, could를 사용하면 좀 더 예의 바른 표현이 된다.

- Would you like me to ____________________?
  - ➡ 너는 나에게 ~하기를 바라니?
- Do you want me to ____________________?
  - ➡ 너는 나에게 ~하기를 바라니?
- If you wish, I would be happy to ____________________
  - ➡ 네가 원한다면 ~하고 싶다.
- Shall I ____________________?
  - ➡ 내가 ~할까요?
- Let me know whether you would like me to ____________
  (= Let me know if you'd like me to____________
  - ➡ 내가 ~해도 되는지 알려 주세요.

- Please explain me about the new product.
  새 제품에 대해 나에게 설명해 주세요.

- Would you give me the detailed product information.
  저에게 자세한 제품 정보를 주시겠습니까?

- I am wondering if you could tell me something about the key product.
  나는 당신이 주요 제품에 대해 무언가를 나에게 말해 줄 수 있는지 알고 싶습니다.

- Check this report is right.
  이 보고서가 옳은지를 체크해 주세요.

- Will you make sure if you agree with the report?
  당신이 그 보고서의 내용에 공감하는지 확인해 주세요.

- Would you confirm these calculations are right?
  이 계산이 옳은지 확인해 주세요.

- We will reconsider the issue.
  우리가 그 문제를 재고할 것입니다.

- Everything we discussed is our secret.
  우리가 논의했던 모든 것은 비밀입니다.

- All the contents of the meeting should be kept strictly confidential.
  회의의 모든 내용은 엄격히 비밀로 유지돼야 합니다.

마지막에 하는 말

마지막에는 앞에서 나온 내용에 대해 감사를 나타내거나, 좀 더 필요한 내용이 있으면 언제든지 연락하라는 내용이 주로 나온다.

- Thank you for your help.

  → 도와주셔서 고맙습니다.

- Thanks again for your help.

  → 다시 한 번 도움에 감사드립니다.

- Do not hesitate to contact us again if you require further information.

  → 도움이 더 필요하면 우리에게 주저하지 말고 다시 연락 주세요.

  ·"부담 갖지 말고, ~하라"는 의미에서 자주 쓰는 표현으로, do not hesitate to, feel free to 등이 있다.

- Let me know if you need anything else.

  → 다른 게 더 필요하면 나에게 알려 주세요.

  ·anything과 anything else는 차이가 있다. anything은 불특정한 어떤 것을 말하며, anything else는 그밖에 어떤 다른 것을 말하는 표현이다.

▪ Please <u>feel free to</u> contact me if you have any questions.

➾ 질문이 있으면 마음껏 연락 주세요.

·비즈니스 편지와 이메일이 끝날 무렵에 보통 쓰는 표현이다. feel free to ~ "마음놓고 ~하다."

▪ My direct line is ________________________

➾ 제 직통전화는 ~입니다.

·직통 전화는 direct line이다. 전화의 내선 번호는 Ext(extension number)이다.

▪ Just give me a call if you have any questions.

➾ 질문 있으면 전화 주세요.

·전화를 할 때 give ~ a call을 쓰는데, 뒤에 번호를 말할 때는 전치사 at을 넣어 사용한다.

▪ My number is ________________________

➾ 제 번호는 ~입니다.

Review

1. Anyway, <u>thanks again</u> for inviting me.

   어쨌든 나를 초대해 주어 다시 감사드립니다.

2. I hope that everything is okay, but <u>do not hesitate to contact me if</u> you need any clarification.

   나는 모든 것이 잘 되기를 바랍니다. 그러나 세부내용이 필요하면, 주저하지 말고 연락 주세요.

맺음말

끝에 쓰는 인사말에는 많은 표현이 있는데, 일반적으로 비즈니스 상황에서 보통 Sincerely, Respectfully yours, Yours truly를 쓰면 무난하다. 그리고 격식에 무관하게 널리 쓰는 표현에는 Regards, Best Wishes, All the Best, Best Regards가 있다. 친한 사이에는 Love, Cheers 등도 자주 쓴다.

맺음말은 look forward to(~을 기대하다), 또는 안부를 전하는 인사말이 나온다. look forward to의 to는 전치사로 뒤에 ~ing를 쓴다는 것에 주의한다.

- I am looking forward to ________________

  저는 ~하기를 기대하고 있습니다.

- Looking forward to ________________

  ~하기를 기다리며

- Give my regards to ________________

  ~에게 안부를 전해 주세요.

  ·regards는 안부를 뜻하며, 편지의 끝부분에 많이 쓴다.

- Best wishes to ________________

  ~에게 안부를 전해 주세요.

- Best wishes
  - 안부를 전하며
- Speak to you soon.
  - 너에게 곧 연락할게.
- See you soon.
  - 곧 보도록 하자.
- Regards
  - 안부를 전하며
- Bye for now
  - 이제 안녕
- All the best
  - 최고의 친구가

Review

1. Looking forward to hearing from you soon.

   곧 너로부터 소식 듣기를 기다리며

2. I look forward to receiving this information as soon as possible.

   가능한 빨리 정보를 받기를 기다린다.

3. Thanks again for the gift, and give my best regards to your family.

   선물에 다시 감사를 드리며 가족에 안부를 전해 주세요.

4. Bye for now. See you soon.

   이제 안녕. 곧 보자.

지금까지 비즈니스 상황에서 쓰이는 기본적인 표현들에 대해 알아보았다.

다시 한 번 주요 표현을 정리해 본다.

Wrap-Up

1. 사전 정보를 말할 때

- With reference to your email sent ~

보내 온 당신의 이메일에 대하여

2. 이메일 쓰는 이유를 말할 때

- We are writing to inform you that ~

우리는 당신에게 ~을 알리기 위해 글을 쓴다.

3. 좋은 소식을 말할 때

- You will be pleased to hear that ~

당신은 ~을 들으면 기뻐할 것입니다.

- We are able to confirm that ~

우리는 ~을 확인할 수 있습니다.

4. 사과할 때

- I apologize for ~

나는 ~을 사과한다.

5. 나쁜 소식을 말할 때

- We regret to inform you that ~

  우리는 당신에게 ~을 알리게 됨을 유감스럽게 생각합니다.

6. 요청을 할 때

- I'd be grateful if you could ~
  (= I would appreciate it if you could ~)

  당신이 ~할 수 있다면 고맙겠습니다.

7. 도움을 제안할 때

- Would you like me to ~ ?

  당신은 내가 ~하기를 원하나요?

- If you wish, I would be happy to ~

  당신이 원한다면 나는 ~에 기뻐할 것입니다.

8. 연락을 할 때

- I will contact you again.

  나는 당신과 다시 연락하겠습니다.

- Do not hesitate to contact us again if you need any further information.

  당신이 정보가 더 필요하면, 우리에게 주저하지 말고 연락 주세요.

9. 내용을 첨부할 때

- Please find attached ~

  첨부된 내용을 확인해 주세요.

10. 마무리 말에 감사를 할 때

- Thank you for your help.

당신의 도움에 감사합니다.

11. 마무리 말에 기대를 표현할 때

- We are looking forward to ~

우리는 ~을 학수고대합니다.

12. 마무리에 친근함을 표현할 때

- Yours/Yours Sincerely

당신의 친구/진실한 당신의 친구

Tips for Writing Business Letters

1. 비즈니스 레터에 자주 나타나는 줄인 말 표현들

- i.e: 다른 말로 의도를 설명할 때(that is를 의미하는 라틴어 id est에서 온 말이다.)
- e.g: 예를 들어 말할 때(for example을 의미하는 라틴어 exempli gratia에서 온 말이다.)
- NB: 주의를 요구하는 내용을 말할 때(라틴어에서 온 말로 nota bene에서 유래한다.)
- PS: 끝에 정보 추가를 할 때(Post Script를 줄여서 쓴 말이다.)
- 'C'=see(소리로 표시)
- 'yr'=your(줄임말)
- 'asap'=as soon as possible(첫 글자로 표시)
- Pls=please, Rgds=Regards, Re=Regarding

2. 비즈니스 레터의 생략된 표현들

- 주어 I는 think, hope 뒤에서 생략 가능하다.
- 의문문에서 주어와 조동사는 생략 가능하다.
- It과 that은 be와 같이 쓸 때 생략 가능하다.

▪(That's a) good idea!

좋은 생각입니다.

▪(Did you) get my last email?

나의 마지막 이메일을 받았니?

▪(It) sounds like fun!

재미있게 들린다.

▪(I am) looking forward to seeing you.

너를 만나기를 고대한다.

▪(I'll) speak to you later.

나중에 너에게 말할게.

▪(Are you) coming with us on Friday?

우리에게 금요일에 올래?

▪(I) hope you're well.

당신이 건강하기를 바랍니다.

▪(It's a) pity we missed you yesterday.

우리가 어제 당신을 만나지 못한 것은 유감입니다.

▪Next week (would be) better than this week.

이번 주보다 다음 주가 더 낫습니다.

3. 지금까지 배운 내용을 정리하며 빈칸을 채워 봅시다

1) 사전 연락에 관한 표현

- ________ your last email

당신의 지난 이메일에 관하여

▸ Re(regarding)

- ________ your email sent July 2.

7월 2일에 보낸 당신의 이메일에 대하여

▸ With reference to

2) 이메일을 쓰는 이유

- We are writing to ________ you that ~

우리는 당신에게 ~을 알리기 위해 글을 씁니다.

▸ inform

- Just a ________ to let you know that ~

당신에게 ~을 알리기 위해 간단하게 글을 씁니다.

▸ short note

3) 좋은 소식을 알릴 때

- You will be pleased to ________ that ~

~을 듣고 당신은 기뻐할 것입니다.

▸ hear

- We are able to ________ that ~

우리는 ~을 확인할 수 있습니다.

▸ confirm

■ ______________________________!

좋은 소식입니다.

▸Good news

■ We can ______________ that ~

우리는 ~을 확인할 수 있습니다.

▸confirm

4) 나쁜 소식이나 사과할 때

■ I ______________ for ~

나는 ~을 사과합니다.

▸apologize

■ We ______________ to inform you that ~

우리는 유감스럽게도 당신에게 ~을 알려드리게 되었습니다.

▸regret

5) 요청할 때

■ I'd be ______________ if you could ~

나는 당신이 ~할 수 있으면, 감사하겠습니다.

▸grateful

■ I would ______________ it if you could ~

나는 당신이 ~할 수 있으면 감사하겠습니다.

▸appreciate

6) 도움을 줄 때

- ________ you like me to ~ ?

당신은 내가 ~하기를 원합니까?

▸ Would

- If you wish, I would be ________ to ~

당신이 원한다면, 나는 ~하게 되어 기쁠 것입니다.

▸ happy

7) 약속을 할 때

- I'll ________ you again.

나는 당신과 다시 연락할 것입니다.

▸ contact

8) 첨부할 때

- Please find ________ file.

첨부된 파일을 확인하세요.

▸ attached

- I've attached my ________.

나는 보고서를 첨부했습니다.

▸ report

9) 마지막에 하는 말

- Thank you ________ your help.

당신의 도움에 감사드립니다.

▸ for

- Do not ______________ to contact us again if you need any further information.

추가 정보가 필요하면, 주저하지 말고 우리에게 다시 연락 주세요.

▸hesitate

- If there is anything else, just ______________ us know.

다른 것이 있으면, 우리에게 알려 주세요.

▸let

10) 마무리 말

- We are looking ______________ to ~

우리는 ~을 고대합니다.

▸forward

- Yours/Your Sincerely.

당신의 친구/당신의 진정한 친구

- Regards/Best wishes

안부를 전하며/최고의 안부를 전하며

11) 정보를 요청할 때

- Please ______________ to me if you need any more information.

좀 더 많은 정보가 필요하면 저에게 연락 주세요.

▸get back

- I'd like to ______________ a little more about this.

이 점에 대해 저는 좀 더 많이 알고 싶습니다.

▸know

- I'd ______________ your help on this.

  나는 이 점에 대해 당신의 도움에 감사드리는 바입니다.

  ▸ appreciate

- Could you ______________ me some information about it?

  (= I'd like to know a little more about it.)

  그것에 대해 저에게 정보를 줄 수 있습니까?

  ▸ give

- If I can be any ______________ assistance, please do not hesitate to contact me.

  (= Please get back to me if you need further information.)

  내가 더 많은 도움이 되면 주저 말고 나에게 연락 주세요.

  ▸ further

- Thank you ______________ for your help in this matter.

  (= I'd appreciate your help on this.)

  이 문제에 대해 당신의 도움에 먼저 감사드립니다.

  ▸ in advance

12) 상대에게 의지를 말할 때

- I ______________ send it to you.

  나는 그것을 당신에게 보내겠습니다.

  ▸ will

- I need you to be there ______________ the meeting.

  나는 당신이 모임에서 참석하기를 바랍니다.

  ▸ at

▪ I'd ______________ you to prepare a report.

나는 당신이 보고서를 준비하기를 바랍니다.

▸ like

▪ It is very ______________ for me you ~ (= I need you to ~)

당신이 ~ 하는 것은 저에게 매우 중요합니다.

▸ important

▪ Do you ______________ you could ~ ? (= I'd like you to ~)

당신이 ~할 수 있다고 생각하십니까?

▸ think

13) 도움을 주고 싶을 때

▪ Let me know ______________ there is anything else.

다른 것이 있다면 알려 주세요.

▸ if

▪ Of course, I'd be ______________ to help.

물론, 나는 돕게 되면 기쁠 것입니다.

▸ happy/pleased

▪ Can I ______________ you to look after them?

당신에게 그들을 돌봐 달라고 부탁해도 되겠습니까?

▸ ask

▪ ______________ I show them round?

그것들을 둘러볼까요?

▸ Shall

- Would you ______________ me to ~ ? (= Shall I ~ ?)

제가 ~하기를 원합니까?

▸ like

- Would you ~ing ? (= Can)
- I ask you to ~ ?

~해 주시겠습니까?

▸ mind

- Please ______________ me again if ~ ? (= Let me know if ~)

~하다면 저에게 다시 연락 주세요.

▸ contact

4. 비즈니스 레터나 이메일로 상황을 나타낼 때 다음과 같은 전개가 나타나면 좋다

Situation(상황) → Problem(문제, 대상) → Solution(해결, 전략) → Closing Comment(마무리 말)

12

첨부한 내용을 보낼 때 쓰는 표현

▪ Please find enclosed/attached my report.

첨부된 내 보고서를 확인하세요.

·첨부를 나타낼 때는 enclose나 attach를 사용하여 나타낸다.

▪ Hope it is useful.

그것이 도움이 되면 좋겠습니다.

·첨부한 내용이 유용하기를 바란다는 표현이다.

▪ Here is my report.

여기 제 보고서가 있습니다.

▪ If there are any problems, please let me know/just let me know.

문제가 있으면 저에게 알려 주세요.

▪ This report has just arrived.

이 보고서가 막 도착했습니다.

▪ I'm forwarding/sending it to you.

나는 그것을 당신에게 보냅니다.

·편지나 이메일을 전달하고자 할 때 많이 쓰는 동사로 forward가 있으니 많이 활용하기 바란다.

- Hope it's not too late.

➾ 그것이 너무 늦지 않기를 바랍니다.

·첨부한 내용이 늦으면 아무 소용없는 경우도 있다.
비즈니스 상황에서 시간을 지키는 것이 중요한 것을 명심하자.

- I'm sending various forms for you to complete.

➾ 당신이 완성해야 할 여러 양식을 제가 보내겠습니다.

·양식을 채우거나 완성할 때, fill이나 complete를 쓴다.

- Please give/make special attention to AK 123.

➾ AK 123에 특별한 관심을 부탁합니다.

·중요한 일을 언급하거나, 특별한 관심이 필요한 경우에 쓰는 표현이다.
special attention이 필요한 경우에 사용해 보자.

- Please complete the attached forms, and return them to me by 3 June.

➾ 첨부된 양식을 완성하시고 6월 3일 이전에 그것들을 저에게 보내 주세요.

·언제까지 다시 보내달라고 부탁할 때 쓰는 표현으로, 시점이 완료를 의미하는 전치사는 until이 아니고 by를 쓴다는 것에 주의한다. 되돌려 보내 준다는 동사는 return이다.

- As agreed, I'm sending the pre-meeting notes.

➾ 동의한 것처럼 저는 모임 전 사항을 보냅니다.

·agree는 동의하다/합의하다, note는 작은 공지사항을 말한다.

▪ Let me know if there's anything else we can do on our side before we meet.

➾ 우리가 만나기 전에 우리 쪽에서 할 수 있는 다른 것이 있다면 알려 주세요.

·"우리 쪽에서"라는 표현은 side를 활용하면 좋다.

▪ I'm attaching the Business Plan Review.

➾ 나는 Business Plan Review를 첨부합니다.

·review라는 표현은 계획에 대한 "평이나 생각"을 나타내는 내용을 말하는 것이다.

▪ Please note/be aware that several alterations in dates have been made.

➾ 날짜에 일부 변경이 있음을 알려 드립니다.

·주지하다/주목하다라는 뜻으로 note/be aware를 많이 활용해 보자.

alteration은 변경사항이나, 수정사항을 말하는 단어이다.

▪ Please find attached my report.

➾ 첨부된 나의 보고서를 확인 바랍니다.

·리포트를 확인하라는 의미에서, confirm의 의미를 대신하고 있다.

▪ Get in touch/Get back to me if there are any problems with deadlines etc.

➾ 마감일 등에 문제가 있으면 나에게 연락 바랍니다.

·기타 등등 이란 의미의 단어는 etc.(et cetera)이며 and so forth, and the like 등의 표현이 있다. 연락을 취하라는 의미의 단어는 contact이나 touch 등이 쓰이며 get back은 다시 연락하라는 표현이다.

▪ Let me know what you think.

➡ 당신이 생각하는 것을 나에게 알려 주세요.

▪ Let me have any comments.

➡ 내가 생각을 말하겠습니다.

·comment는 자기의 생각이나 느낀 점을 말하는 표현이다.

▪ Here is the itinerary for Sri Lanka.

➡ 스리랑카에 대한 일정표가 여기 있습니다.

·비즈니스를 하다 보면 많은 여행 스케줄이 생기게 된다.
여행 일정표를 특히 말하고자 할 때는 itinerary를 쓴다는 것을 명심하자.

▪ Please check/confirm that I have included everything you want in it.

➡ 당신이 그 속에 원하는 모든 것을 내가 포함시켰음을 확인 바랍니다.

·비즈니스 상황에서 그때그때 확인하고 점검하는 것은 중요하다.
그때 많이 쓰는 단어가 check나 confirm이다.

13 회의 준비에 필요한 표현

▪ What time would be convenient for/suit you?

당신에게 몇 시가 좋으신지요?

·상대에게 편리한 시간을 물어보는 것도 중요한 비즈니스 에티켓일지 모른다. 이때 convenient나 suit를 사용하여 표현하면 좀 더 상대에게 호감을 줄 수 있다.

▪ Are you free sometime/anytime next week?

다음 주 한가한 시간 있습니까?

·시간이 한가한지를 물을 때 free나 available을 상황에 맞게 쓰면 좋다.

▪ Could we meet on Thursday in the afternoon?

목요일 오후에 우리 만날 수 있을까요?

·요일이나 특정한 날을 언급할 때는 전치사 on을 쓴다.

▪ Perhaps at 3 pm?

오후 3시쯤에?

·일반적인 시간은 전치사 at을 써서 나타낸다.

·pm이나 am은 시간 뒤에 쓰는 것이 일반적이다.

▪ Yes, I think I should/would be able to make next Friday morning.

예, 나는 다음 주 금요일 아침에 시간을 낼 수 있다고 생각합니다.

·시간을 내거나 약속을 할 때 쓰는 동사로 make가 좋다. 시간을 정하다는 표현은 보통 make it으로 표현하기도 한다.

▪ I'll email/get back to you later today to confirm it.

⇨ 나는 그것을 확인하기 위해 오늘 늦게 당신에게 이메일/연락드리겠습니다.

·이메일을 보낼 때 누구나 동사로 email을 쓰는데, 이때 한 가지 혼돈을 주는 것은 '~ 에게'라는 표현에 전치사 to를 사용하는 문제이다. email은 타동사로 전치사 없이 사용하는 게 특징이다.

▪ I'm out of the office until/till 2 pm on that day.

⇨ 나는 그날 오후 2시까지 사무실에 없습니다.

·사무실에 없거나 부재중일 때 쓰는 표현으로 out of the office를 쓴다. 이때 정관사 the를 써서 표현하는 것에 주의해야 한다.

▪ Anytime after that is/would be fine.

⇨ 나는 그날 오후 2시까지 사무실에 없습니다. 그 뒤 언제든지 좋습니다.

▪ I'm afraid I'm busy/tied up all day next Tuesday.

⇨ 나는 다음 주 화요일 하루 종일 바빠 걱정입니다.

·시간이 바쁠 때는 busy 나 be tied up을 써서 나타낸다. 스케줄이 빡빡하다는 표현이 be tied up이다.

▪ Sorry,/I'm afraid I can't make/manage it on that day.

⇨ 미안합니다./나는 그날 시간을 낼 수 없어 유감입니다.

·"시간을 정하다"라는 표현이 make it이나 manage it이다. 여기서 it은 시간적인 개념을 나타내는 것으로 특별한 의미를 갖지는 않는다.

▪ What about/How about Wednesday instead/as an alternative?

⇒ 대신 수요일은 어떻습니까?

·상대에게 의견을 물어볼 때, what about이나 how about을 쓴다. alternative는 대안을 말한다.

▪ Would you mind/object if we put the meeting back/off to the following week?

⇒ 회의를 다음 주로 연기해도 괜찮습니까?

·동사 mind는 '꺼려하다'라는 뜻이고, object는 '반대하다'라는 뜻이다. if는 접속사로 whether (~인지, 아닌지)를 나타낸다. would you mind/object if ~는 ~해도 괜찮습니까?라는 문형으로 자주 쓰인다.

▪ I am very sorry/apologize again for any inconvenience caused.

⇒ 폐를 끼치게 되어 다시 사과를 거듭 드립니다.

·사과나 유감을 나타낼 때, sorry/apologize for를 쓰며, "불편을 야기하다"는 cause an inconvenience라는 것을 명심하자.

▪ I look forward to seeing/speaking to you next week.

⇒ 다음 주 당신을 만날 것/말할 것을 기다리고 있습니다.

·편지 끝에 상대를 다시 만날 것을 기약하거나 기대하는 내용이 있을 때, look forward to를 쓴다.

▪ Give me a call/ring if you have any problems.

⇒ 문제가 있으면 전화 주세요.

·give ~ a call은 "~에게 전화를 하다"이다.

▪ Give my regards/best wishes to my uncle.

➡ 나의 삼촌에게 안부를 전해 주세요.

·안부를 전하다는 표현에 give regards to, best wishes to 등이 있다. regards 나 wishes는 안부를 나타내는 표현들이다.

주요 예문들

▪ Let's set up a meeting at your convenience.

당신이 편리할 때 미팅을 준비합시다.

▪ Would you like to tell me the most suitable date for you?

당신에게 가장 적합한 날짜를 말씀해 주시겠습니까?

▪ We want to fix the date at your earliest convenience.

우리는 당신이 가장 빠르고 편리할 때 날짜를 정하고 싶습니다.

▪ Can we reschedule our meeting?

우리가 미팅 스케줄을 다시 조정할 수 있습니까?

▪ Can I rearrange our business plan?

제가 우리의 비즈니스 계획을 다시 준비할 수 있습니까?

▪ How about postponing the schedule a bit?

스케줄을 조금 연기하는 것은 어떨습니까?

14 초대나 지시에 관한 표현

▪ We would be very pleased if you could come to a meeting here on 28 July.

➾ 당신이 7월 28일 이곳 회의에 온다면 우리는 매우 기쁘겠습니다.

·과거형 조동사 would를 사용하여 공손하게 부탁하는 표현이다. "~한다면 매우 기쁘겠습니다"

▪ Your presence at the meeting will be very welcome. I hope you can make it.

➾ 회의에 당신이 참석하는 것을 환영합니다. 나는 당신이 시간을 낼 수 있기를 기대합니다.

·will be very welcome: 매우 환영합니다 ·make it: 시간을 내다.

▪ Please let me know if you can attend as soon as possible.

➾ 당신이 가능한 빨리 참석여부를 저에게 알려 주세요.

·please let me know if: ~한지 여부를 저에게 알려 주세요.

▪ Thank you for your kind invitation.

➾ 당신의 친절한 초대에 감사합니다.

▪ I would be pleased to attend.

➾ 참석한다면 기쁠 것입니다.

·참석하게 된다면 to attend = if I could attend라는 의미를 갖는다.

▪ I look forward to seeing you on the 28th.

➾ 28일에 당신을 만날 것을 기대합니다.

·look forward to: ~을 기대하다. 전치사 on은 특정한 날짜나 요일 앞에 쓴다는 것을 기억하자.

▪ Unfortunately, I will not be able to come.

➾ 불행하게도 나는 갈 수가 없습니다.

·누가 ~을 할 수 있다=be able to. 조동사 뒤에서 can의 의미로 쓰인다.

▪ I have another appointment on that day.

➾ 그날 다른 약속이 있습니다.

·시간 약속을 말할 때는 appointment를 쓴다.

▪ Please accept my apologies.

➾ 저의 사과를 받아주시기 바랍니다.

·"사과를 받아주다"는 please를 붙여 쓰면 상대에게 대한 공감을 얻을 수 있다.

▪ I hope we will have the chance to meet on another occasion in the near future.

➾ 우리가 가까운 미래에 다른 일로 만날 기회를 갖기를 희망합니다.

·"다른 일에"는 on another occasion으로 표현한다. 또 다른 사건을 말하는 경우이므로 other를 쓰지 않도록 한다.

▪ I am sure the meeting will be a great success.

➾ 나는 가까운 시간 안에 다른 일로 만나기를 바랍니다. 그 모임은 대단한 성공이 될 것을 확신합니다.

·success라는 말이 추상적인 명사이지만, 이 경우에 관사 a를 붙이면 구체적인 사건을 나타내는 표현이 된다. a success는 "성공적인 미팅"을 의미하게 된다.

프로젝트 협상을 할 때 쓰는 표현

Can you give me some information about it?

그것에 대해 저에게 정보를 좀 주시겠습니까?

·give ~ some information: ~에게 정보를 주다.

·some은 셀 수 있는 명사나 셀 수 없는 명사에 모두 쓸 수 있다.

I would be grateful if you could give me some information about it.

당신이 그 점에 대해 정보를 주신다면 고맙겠습니다.

·I would be grateful: 나는 매우 감사하게 될 것이다.

We need to discuss this before we go any further.

우리는 더 진행하기 전에 의논할 필요가 있습니다.

·discuss는 타동사로 about이라는 전치사를 쓰지 않고 바로 목적어를 쓴다.

·go any further: 일을 더 추진하다.

How do you think we should deal with this?

우리가 이 문제를 다루는 것에 대해 어떻게 생각합니까?

·deal with: ~을 다루다. 참고로 "거래하다(deal in)"라는 표현이 있으니 잘 사용하자.

- I would appreciate your advice.

➡ 당신의 조언에 감사드립니다.

·비즈니스 상황에서 자주 등장하는 단어이다. appreciate는 어떤 사물에 대해 감사함을 나타내는 단어이다.

- We would be prepared to give you a discount if you ~

➡ 당신이 ~한다면 할인해 드릴 준비가 되어 있습니다.

·give a discount: 할인해 주다.

- That could be possible.

➡ 가능할 수도 있겠지요.

·could be는 가능성에 대해 추측을 하는 표현으로 일상에서 많이 쓴다.

- That should be possible.

➡ 가능해야 하겠지요.

·should be는 당위성에 대해 추측하는 표현이다.

- That might be possible. I need to ask my line manager.

➡ 그것은 가능할 수 있습니다. 저는 현장 매니저에게 물어볼 필요가 있습니다.

·약한 추측을 나타내는 표현으로, may be, might be가 있다. line manager는 현장 매니저를 말한다.

- No problem- that would be possible.

➡ 문제없습니다-그것은 가능할 것입니다.

·조동사 과거형을 쓰면 공손하게 말하는 표현이 된다. would be는 미래에 대한 추측을 나타낸다.

- I think we need to have a meeting to discuss this in more detail.

  ➜ 저는 이것을 좀 더 자세히 논의하도록 회의를 할 필요가 있다고 생각합니다.

  ·in more detail: 좀 더 자세하게

- Let me know what time would suit you best.

  ➜ 당신에게 몇 시가 가장 좋은지 저에게 알려 주세요.

  ·suit는 어울리다/적합하다라는 동사로, 언제가 시간이 좋은지를 나타내는 표현이다.

- I am sorry that we couldn't use your services this time.

  ➜ 우리가 지금 당신의 서비스를 이용할 수 없어 유감입니다.

  ·use services: 서비스를 사용하다

- Do you think you could send me more details?

  ➜ 당신이 저에게 좀 더 자세한 것을 보낼 수 있다고 생각하십니까?

  ·more details에서 details는 자세한 내용들을 나타낸다.

- May I get an estimate on the product?

  ➜ 제가 그 제품에 대한 견적서를 받을 수 있을까요?

- I would like to receive some samples.

  ➜ 저는 샘플을 좀 받고 싶습니다.

16 이해를 확인할 때 쓰는 표현

- Sorry you forgot to send the attachment.

➾ 첨부를 당신이 보낸 것을 잊은 것은 유감입니다.

·forget 뒤에 to 부정사를 써야 미래의 동작을 나타낸다. sending을 쓰면 과거에 보냈던 사실을 나타낸다.

- Can you send it again?

➾ 그것을 다시 보내 주시겠습니까?

- Did you mean to send this?

➾ 당신은 이것을 보내려고 하셨나요?

·mean to:~을 의도하다

- I don't want to open the attachment in case it has got a virus.

➾ 저는 그것에 바이러스가 있으면 첨부를 열고 싶지 않습니다.

·in case: ~한 경우에 ·get a virus: 바이러스에 걸리다.

- Are you sure about that?

➾ 그 점에 대해 확신하십니까?

·be sure about: ~에 대해 확신하다

- I thought the conference was in Seoul.

  저는 그 회의가 서울에서 있었다고 생각했습니다.

  ·비즈니스에서 회의를 하는 경우가 많이 있는데, 이때 '회의'라는 단어는 conference를 말한다.

- I'll check and get back to you later today.

  제가 체크해서 오늘 늦게 당신에게 연락드리겠습니다.

  ·어떤 상황을 수시로 체크하는 것은 비즈니스의 중요한 일이다. check라는 단어를 자주 사용하여 비즈니스 상황을 쉽게 가져가 보자. get back to는 연락을 할 때 사용한다.

- Which conference do you mean?

  어떤 회의 말씀입니까?

  ·어떤 것을 말하고자 하는지를 물어보는 표현으로 mean(의도하다)을 쓰고 있다.

- Sorry, I don't understand this point.

  유감입니다, 저는 이 점을 이해하지 못하고 있습니다.

- Can you explain it in a little more detail?

  그것을 좀 더 자세히 설명해 주시겠어요?

- I'm not sure what you mean by this.

  나는 이것이 무슨 뜻인지 모르겠습니다.

  ·동사 mean은 전치사 by와 함께 쓴다는 사실을 명심하자.

- Could you clarify?

  설명 좀 부탁합니다.

  ·clarify: (무엇을) 상세하게 설명하다.

▪ I thought the meeting was on Thursday, but I may be wrong.

⇨ 저는 그 모임이 목요일에 있었다고 생각했습니다. 그런데 제가 잘못 생각한 것 같습니다.

·비즈니스에서 날짜를 정하는 것은 중요한 일이다. 요일 앞에는 항상 전치사 on을 쓴다.

▪ Sorry, forget my last email. You're right.

⇨ 미안합니다. 저의 지난 메일을 잊겠습니다. 당신이 옳습니다.

·사람은 실수를 하게 마련이다. 어떤 비즈니스 상황에서도 일어날 수 있는 일인데, 이때 원만하게 수습해 가는 지혜가 필요하다. 나의 지난 이메일을 잊어 달라는 내용은 상대에게 양해를 구하는 첫 번째 단계라 할 수 있다.

▪ It should be Tuesday, not Monday.

⇨ 월요일이 아니라 화요일이 맞습니다.

·not A but B: B, not A: A라기 보다는 B이다.

▪ What I meant was Busan, not Seoul.

⇨ 내가 의도한 건 서울이 아니라 부산이었습니다.

·what I mean: 내가 의도한 것은

▪ I hope this clarifies the situation.

⇨ 이것이 상황을 분명하게 하기를 희망합니다.

·상항이 분명하게 정리되지 않는 상황에서 쓸 수 있는 표현이다.

계약과 관련한 주요 예문

- We have to change the contract.

  우리는 계약을 바꾸어야 합니다.

- We have to make some amendments to the contract.

  우리는 계약에 대해 조금 수정을 해야 합니다.

- We have to modify the contract.

  우리는 계약을 변경해야 합니다.

- Please state the due date clearly in the contract.

  계약 속에 분명하게 적절한 날짜를 명시해 주세요.

- Let me sleep on the contract terms.

  제가 계약 조건에 대하여 하룻밤 동안 검토해 보겠습니다.

- I have to give a rain check on the contract.

  제가 계약에 대해 보상을 해야 합니다.

  ·give a rain check: 보상하다

- We decided to sign the contract.

  우리는 계약에 대해 서명하기로 결정했습니다.

꼭 기억해야 하는 비즈니스 영어 상식

1. 콤마는 문장을 읽기 쉽게 할 때, 한 번 멈출 때 사용한다.

2. 문장 시작의 연결어 뒤에 콤마를 사용한다. 예) However,

3. 대문자는 문장 시작, 사람, 장소, 사건, 기관 이름, 직업 이름, 국적과 언어, 캘린더 정보 등에 사용한다.

4. apostrophe(')는 축약형과 소유격에 사용한다.

5. 콜론(:)과 세미콜론(;)은 각각 항목 나열과 항목 분리에 사용한다.

6. 고객과 공급자(customer-supplier) 간의 용어

complaint	불평(고객)
invoice	돈 지불 요청(공급자)
quotation	비용 상세 정보(공급자)
inquiry	일반 정보 요청(고객)
order	물건 송달 요청(고객)

7. 비즈니스의 일반적 순서:

① make an inquiry(요청하기)
② send information(정보 보내기)
③ request a quotation(비용 상세 정보 요청)
④ give a quotation(비용 상세 정보 제공)
⑤ make an order(주문)
⑥ send an invoice(지불 요청서 제공)
⑦ make a complaint(불평)
⑧ solve the problem(문제 해결)

17

요청과 주문에 쓰이는 표현

- We are a distributor of kitchen products in Korea.

  우리는 한국에 있는 부엌 용품 공급업자입니다.

  ·distributor: 공급업자

- We are interested in the product.

  우리는 그 제품에 관심이 있습니다.

  ·be interested in: ~에 관심이 있다.

- I'm attaching our current catalogue and price list as a pdf file.

  저는 우리의 현재 목록과 가격표를 pdf 파일로 첨부합니다.

  ·current: 지금의, 현재의

- I look forward to an early reply, and am sure that there is a market for your products here in Hungary.

  나는 빠른 답변을 기대합니다. 그리고 이곳 헝가리에 당신의 제품을 위한 시장이 있다고 확신합니다.

  ·early reply: 빠른 답변

- Could you also provide details of your delivery times, and whether there is any minimum order.

➡ 배달 품목의 세부사항도 보내 주시겠어요? 최소 주문이 있는지도요?

·minimum order: 최소 주문

- Thank you for your email of 4 June inquiring about our products.

➡ 우리 제품에 대해 문의한 6월 4일자로 보낸 당신의 이메일에 감사드립니다.

·inquire about: ~에 대해 물어보다.

- You will note that our line of Yummy food processors is on special offer.

➡ 당신은 '유미' 음식처리기의 우리 라인이 특별 제의를 받고 있다는 것을 알게 될 것입니다.

·on special offer: 특별 제의를 받고 있는.

- Please send us information about your product range, including a price list.

➡ 당신의 제품 범위와 가격표에 대한 정보를 우리에게 보내 주세요.

·product range: 제품의 범위

- We met last Thursday on your stand at the Daejeon Trade Fair.

➡ 지난 목요일에 우리는 대전 무역박람회의 당신 매장에서 만났습니다.

·stand: 매장 ·trade fair: 무역박람회

- If you need any further information, please do not hesitate to contact me.

➡ 당신이 좀 더 많은 정보가 필요하면 주저 말고 나에게 연락하세요.

·further information: 추가 정보

▪ We dispatch the goods within 24 hours of a firm order, and for first time customers our minimum order is $5,000.

→ 우리는 회사 주문 24시간 안에 제품을 보내고 처음 고객은 최소 주문이 5,000달러입니다.

·dispatch: 보내다

▪ Please return the attached form asap so that your order can be processed without any delay.

→ 당신 주문이 지체 없이 처리되도록 가능한 빨리 첨부양식을 보내 주세요.

·return: 돌려주다, asap: as soon as possible, process: 처리하다

▪ We would be grateful if you could supply bank references.

→ 당신이 은행 조회 자료들을 보내 줄 수 있다면 고맙겠습니다.

·bank references: 은행 조회 자료

▪ Our normal terms for first-time customers are 50% pre-payment.

→ 처음 고객에 대한 일반 조건은 50% 선지급 조건입니다.

·first-time customer: 처음 고객 ·pre-payment: 선지급

▪ I have spoken to my line manager, and we are pleased to offer a small discount on this occasion in the hope that it will lead to repeat orders.

→ 나는 라인 책임자에게 말을 했고 계속 주문이 되도록 이번에 작은 가격 할인을 제안하게 되어 우리는 기쁩니다.

·repeat order: 재주문

▪ The goods will be dispatched 3 days from receipt of a firm order.

➾ 제품들은 회사주문을 수령한 후 3일 뒤에 배달 될 것입니다

·receipt: 접수

▪ We assure you that your order will have our prompt attention.

➾ 우리는 당신의 주문이 우리의 즉각적 관심을 갖게 될 것을 확신합니다.

·have prompt attention: 즉각적인 관심을 갖다

▪ We accept your quotation.
Please ship at the first available opportunity.

➾ 우리는 비용 상세표를 받습니다. 처음에 할 수 있는 기회에 운송하세요.

·quotation: 상세표

▪ Your order has been processed.
You can track shipping details on our website.

➾ 당신의 주문은 처리되었습니다. 우리의 웹사이트에서 운송 세부사항을 확인할 수 있습니다.

·track: 추적하다/확인하다

▪ We note from our records that payment of invoice 1234 is still outstanding.

➾ 송장 1234의 지급이 미결임을 우리 기록에서 알고 있습니다.

·invoice: 신용장 ·outstanding: 미지급 되어 있는

▪ We are temporarily out of stock of this item, but we expect new supplies shortly.

➾ 우리는 일시적으로 이 제품 재고가 없지만, 새 제품을 곧 기대하고 있습니다.

·out of stock: 재고가 없는 ·supplies: 공급 물건들

▪ We apologize for any inconvenience which may have been caused.

⇨ 지금까지 끼친 폐에 대해 사과합니다.

·apologize for: ~에 대해 사과하다 ·cause ~ inconvenience: 불편을 야기하다.

▪ The correct information is given below. Please amend your records accordingly.

⇨ 올바른 정보가 아래 제시되고 있습니다. 따라서 당신의 기록을 고쳐 주기 바랍니다.

·amend: 수정하다

주요 예문들

- I'll send it via international courier.

  나는 국제우편으로 그것을 보내겠습니다.

- I'll send it by international quick service.

  나는 그것을 국제 속달로 보내겠습니다.

- I'll send it via express delivery.

  나는 그것을 빠른우편으로 보내겠습니다.

- Please send the product by home-delivery service.

  그 제품을 택배 서비스로 보내 주십시오.

- I'll send the parcel via regular mail.

  나는 그 소포를 보통우편으로 보내겠습니다.

- We will send the goods via certified mail.

  우리는 그 제품을 등기로 보내겠습니다.

- The package will be delivered by express mail.

  그 소포는 빠른우편으로 배달될 것입니다.

우편의 종류에 관한 표현

·overnight courier: 빠른우편, 속달

·registered mail: 등기우편

·air mail: 항공우편

·surface mail: 선박우편

18 비즈니스에 자주 나타나는 용어들

- ·discount 할인
- ·delivery time 배달시간
- ·minimum order 최소주문
- ·transport costs 배송비용
- ·credit 신용
- ·terms of payment 지불조건
- ·guarantee/ warranty 보증
- ·procedure 절차

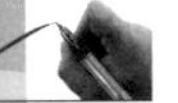

▪ cancel/ confirm/ make/ place/ receive ________ an order

(주문을 취소하다/ 확인하다/ 만들어 내다/ 부여하다/ 받다)

▪ accept/ increase/ make/ reject/ withdraw ________ an offer

(제안을 받다/ 늘리다/ 하다/ 거절하다/ 철회하다)

▪ keep to/ make/ negotiate/ reach/sign ________ an agreement

(협정을 준수하다/ 협의하다/ 협상을 하다/ 협정에 이르다/ 협의에 사인하다)

▪ accept/ agree on/ find/ reach/ suggest ________ a compromise.

(타협을 받다/ 동의하다/ 찾다/ 이르다/ 제시하다)

▪ Thank you for your interest in our products.

➡ 우리 제품에 대한 당신의 관심에 감사한다.

▪ We are interested in purchasing 5,000 units.

➡ 우리는 5,000개를 구입하는 것에 관심이 있다.

·purchase: 구매하다

▪ Do you give discounts on an order of this size?

➡ 이 크기의 주문에 할인해 주나요?

·order of this size: 이런 규모의 주문

▪ We will be happy to deal with any further questions.

➡ 우리는 더 많은 질문을 다룬다면 기쁠 것입니다.

·further: 추가적인

▪ Is it possible to buy the goods on credit?

➡ 외상으로 물건을 살 수 있나요?

·on credit: 외상으로

▪ We need these items by the end of October at the latest.

➡ 우리는 늦어도 10월 말까지 이 물건들이 필요합니다.

·at the latest: 늦어도

▪ We need to reach agreement on this matter as soon as possible.

➡ 우리는 가능한 빨리 이 문제에 협정을 할 필요가 있습니다.

·reach agreement: 협의에 이르다

- We have 20 items on order from you.

  우리는 당신으로부터 20개 항목을 주문받고 있습니다.

- Thank you for your email about a possible order for our products.

  우리 제품에 대한 가능한 주문에 관한 당신의 이메일에 감사드립니다.

- In relation to discounts, our terms are 5% for an order over $50,000.

  할인과 관련하여 우리 조건은 50,000달러가 넘는 주문에 대해 5% 할인율입니다.

  ·terms: 조건들

- We offer a discount of 5%.

  우리는 5% 할인율을 제안합니다.

- With regard to your request for 60 days credit, unfortunately we are not able to do this.

  60일 외상에 대한 당신의 요청에 대해 불행하게도 우리는 이것을 할 수 없습니다.

  ·with regard to: ~에 대하여

- There are one or two things to clarify before going ahead with an order.

  주문을 계속하기 전에 분명히 해야 할 것이 한두 개 있습니다.

  ·go ahead with: ~을 계속하다

- Our company has been in the market for over forty years.

  우리 회사는 40년 넘도록 그 시장에서 일해 왔습니다.

- This product has been on the market for over a year.

➡ 이 제품은 1년이 넘도록 시장에 있었습니다.

- We are prepared to compromise over the question of transport costs.

➡ 우리는 배송비 문제에 대해 타협할 준비가 되어 있습니다.

·compromise: 타협하다 ·transport cost: 운반비

- We can supply the items you require directly from stock.

➡ 우리는 당신이 직접 재고로부터 요청한 물건들을 공급할 수 있습니다.

·stock: 재고

- The goods will leave our warehouse within 3 working days of a firm order.

➡ 이 물건들은 회사 주문의 3일 영업일 안에 창고를 떠나게 할 것입니다.

·warehouse: 창고

19 실수하기 쉬운 표현들

- I am writing with regard to your recent email.

현재 글을 쓰는 상황이므로 write 대신 진행형을 쓰는 것이 좋다.

- Please send me your comments by Monday at the latest.

시간의 완료 되는 시점을 나타낼 때 until 대신 by를 쓴다.

- I would be grateful if you could send me more information.

일종의 가정법 과거의 문형이므로 if 절에서 can 대신 과거형 조동사 could를 쓴다.

- Please find attached my report, as promised in Monday's meeting.

전치사인 경우에는 뒤에 명사가 나오므로 like를 쓰지만, 나머지의 경우에는 접속사 기능의 as를 쓴다.

- I hope we can meet up soon.

기대와 희망을 나타내는 동사는 hope이며, 뒤에 절이 나오는 경우가 많다. want는 부정사 to와 같이 쓰인다.

- I look forward to receiving this information as soon as possible.

정보를 받는 동사는 receive가 적절하다.

- Can you meet on 4 Feb at 12:00 instead?

특정한 날을 나타낼 때는 전치사 on이 쓰인다.

- If you require any further information, please do not hesitate to contact me.

추가적인 정보를 나타내는 말은 further이며, 정도를 나타내는 비교급의 형태이다. 이와 비슷한 farther는 거리를 표현하는 비교급으로 "좀 더 멀리"라는 의미로 쓰이므로 조심해야 한다.

- I look forward to meeting you next week.

이 문장에서 to는 전치사로 쓰이므로, 동명사형인 ing가 오는 것이 옳다. 부정사로 쓰이는 경우에는 동사의 원형 meet가 온다.

- I really appreciate your kindness during my stay in Busan.

전치사 for는 객관적인 기간을 나타내며, 뒤에 숫자가 온다. 주관적인 기간은 전치사 during을 사용한다.

- At the meeting we will discuss the following points.

'토론하다'라는 의미의 discuss는 타동사로 전치사 about을 쓰지 않는다.

- I'm afraid that we haven't received your payment yet.

부정문에서 '아직도'라는 의미는 yet이며, already를 쓰지 않는다.

- With reference to your email sent June 5.

with reference to가 우리말로 "~에 관하여"이므로, about을 쓰지 않는다.

▪ Thank you for sending me the catalogue I requested.

동사 thank와 어울리는 전치사는 for이다.

▪ We are writing to inform you that ~

정보를 주거나, 어떤 소식을 알려 주는 경우 동사 inform을 쓴다.

▪ We are able to confirm that ~

앞의 사실을 확인하는 경우에 쓰는 동사는 confirm이다.

▪ I apologize for the delay.

동사 apologize와 함께 쓰는 전치사는 for이다.

▪ I would appreciate it if you could ~

'감사하다' appreciate는 뒤에 목적어로 사물이 나오며, thank는 사람이 나온다.

▪ Please get back to me if there is anything else.

'다른 것'을 의미하는 말은 else를 꼭 써야 한다.

▪ What time would be convenient for you?

시간이 좋은지를 물어볼 때 convenient를 쓰는 것에 주의한다.

▪ If you would like any more details, just let me know.

구체적이고 세부적인 내용을 나타낼 때, detail의 복수형을 쓴다.

- Anyway, that's enough, I think I will stop writing now.

stop 뒤에 동명사가 오면 행위가 중단되는 것을 의미하며, to 부정사가 오면 행위의 목적을 의미한다.

- It was good to meet you at the conference in Paris.

장소를 나타내는 전치사에 주의한다. 작은 장소에는 at을 쓴다.

- I look forward to hearing from you soon.

~에 대해 소식을 들을 때 hear of, ~로부터 소식을 들을 때 hear from을 쓴다.

- I've attached a copy of the latest sales figures.

마지막이란 의미는 last이므로 비교해 본다.

- With reference to your inquiry, I've attached all the information you need.

all 뒤에 정관사 the를 쓰는 것에 주의한다. you need가 information을 수식하고 있다. 수식받는 명사는 보통 the를 쓴다.

PART II 비즈니스 상황별 실전 영어

Situation 1

새로운 회사를 소개하다

Introducing New Company to Customers

Copy Writing 문장들을 읽고 따라서 써 봅시다

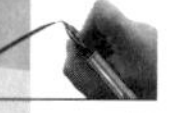

1. This is to inform you that The ABC Company is now open and is located at 1234 4th Avenue North, St. Petersburg, Florida.

   ➾ 이것은 ABC 회사가 이제 개업을 하며 1234 4th Avenue North, St. Petersburg, Florida에 위치함을 알려 드리는 것입니다.

   ·This is to inform you: 이것은 당신에게 ~을 알리기 위함이다.

2. Our store offers a complete and diverse line of computer software packages for both personal and business application.

➾ 우리 매장은 개인용과 기업용의 완전하고 다양한 종류의 컴퓨터 소프트웨어 패키지를 제공합니다.

·offer: 제공하다

3. Since we do not represent any individual computer hardware manufacturer, the products that we carry are compatible with many systems.

➾ 우리는 어떤 개별 컴퓨터 하드웨어 제조업체를 대표하지 않으므로, 우리가 가지고 있는 제품들은 많은 시스템들과 호환이 됩니다.

·compatible with: ~과 호환되는

4. We are able to offer to our customers a wide range of excellent software packages.

우리는 우리 고객들에게 다양하고 훌륭한 소프트웨어 패키지를 제공할 수 있습니다.

·a wide range of: 다양한 범주의

5. Enclosed for your review, is a partial list of the items we currently have available.

여러분의 검토를 위해서 현재 우리가 갖고 있는 물건의 부분적 리스트를 동봉합니다.

· enclosed: 동봉된

6. We hope that you will come and visit us soon.

여러분이 우리를 곧 방문해 주기를 바랍니다.

·hope that: 희망하다

Business Vocabulary Check-up 다음의 용어를 우리말로 옮겨 보세요

1. inform ______________________
2. offer ______________________
3. application ______________________
4. manufacturer ______________________
5. compatible ______________________
6. customer ______________________
7. package ______________________
8. enclose ______________________
9. review ______________________
10. available ______________________

1. 알리다 2. 제공(제안)하다 3. 신청
4. 제조 5. 호환되는 6. 고객
7. 패키지(묶음) 8. 동봉하다 9. 검토하다
10. 이용할 수 있는(구할 수 있는)

Situation 2

회사 이름 변경을 알리다
Announcement of Business Name Change

Copy Writing 문장들을 읽고 따라서 써 봅시다

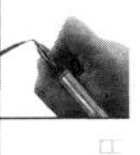

1. As our new letterhead indicates, we have recently changed the name of our business from KC to CK.

   ※ 우리의 새 회사 편지 이름에 나타나듯이, 우리는 최근 우리 회사 이름을 KC에서 CK로 바꿨습니다.

   ·letterhead: 회사나 기관의 이름이나 정보가 표시된 편지지

2. There has been no change in management.

➾ 경영상에 변화는 없습니다.

·management: 경영

3. We will be providing the same products and fine service on which we have built our reputation in the industry.

➾ 우리는 업계에서 쌓아 온 명성 토대 위에 같은 제품과 서비스를 제공할 것입니다.

·product: 제품 ·service: 서비스

4. We would appreciate it if you would bring this announcement to the attention of your accounts payable department and direct them accordingly.

➾ 이 공지를 당신의 계좌 지급 부서에 알려 주어 연결이 된다면 고맙겠습니다.

·announcement: 공지 ·account: 회계/계좌

5. Thank you for being one of our valued customers.

➾ 우리의 귀중한 고객 중에 하나가 된 것에 감사드립니다.

·valued customers: 귀중한 고객들

6. We appreciate your cooperation in this matter.

➾ 우리는 이 문제에 있어 당신의 협력에 감사드립니다.

·cooperation: 협력/협동

Business Vocabulary Check-up · 다음의 용어를 우리말로 옮겨 보세요

1. letterhead ______________________
2. management ______________________
3. product ______________________
4. reputation ______________________
5. appreciate ______________________
6. account ______________________
7. department ______________________
8. cooperation ______________________

1. (회사용) 편지 양식 2. 경영 3. 제품
4. 명성 5. 평가하다 6. 계좌(계정)
7. 부서 8. 협력

Situation 3

새 가격 정책을 알리다
Announcement of New Pricing Policy

Copy Writing 문장들을 읽고 따라서 써 봅시다

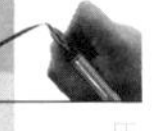

1. It has been our policy in the past to supply ice to our customers when their ice machine has broken down.

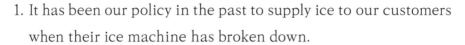

→ 고객들의 얼음 기계가 고장 났을 때, 고객에게 얼음을 공급하는 것이 과거에 우리의 정책이었습니다.

·policy: 정책

2. Because we have many customers who are paying later and later, we are forced to set down stronger company policies.

우리는 돈의 지불을 나중에 내는 많은 고객이 있기에, 우리는 어쩔 수 없이 보다 강력한 회사 정책을 만들 수밖에 없습니다.

·set down: 실행하다

3. Our new policy will go into effect July 3, 2012, and is as follows:

우리 새 정책은 2012년 7월 3일에 발효되며, 다음과 같습니다.

·go into effect: 효력을 발휘하다

4. If the customer is more than 15 days late in their monthly payment and the machine is not working, we will not supply ice.

만약 고객이 월 지급이 15일 이상 늦고 그 기계가 고장이면, 우리는 얼음을 공급하지 않을 것입니다.

·monthly payment: 월 지급액

5. We will repair the machine, and the number of days in which the machine has not been in service will be credited to the customer's account.

➾ 우리는 기계를 수리할 것이고, 기계가 고장난 일수는 고객 계좌에 신용으로 쌓을 것입니다.

·credit: 신용을 쌓다 ·account: 계좌

6. There will be a sur-change on accounts falling more than 30 days behind.

➾ 30일 이상 늦춰지면, 계좌에 추가 요금이 발생할 것입니다.

·sur-change: 추가요금 ·falling more than 30 days behind: 30일 이상 늦춰지다

7. While I am sorry that we must go to such extremes as those outlines above, I am afraid that there is no alternative.

➡ 나는 위에 개괄한 것처럼, 그런 극단으로 가야 하는 것이 유감스럽지만, 대안이 없는 것이 우려됩니다.

·alternative: 대안

8. Our company policy is, and always has been, to provide the best service available to our customers.

➡ 항상 그랬듯이, 우리 회사 정책은 고객에게 줄 수 있는 최상의 서비스를 주는 것입니다.

·best service available: 이용할 수 있는 최고의 서비스

9. We can only continue to do this with our customer's cooperation.

⇒ 우리는 고객의 협력이 있어야만 이것을 계속 할 수 있습니다.

·customer's cooperation: 고객의 협력

10. If there are any questions regarding our new policy, please give me a call.

⇒ 우리의 새 정책에 대해 어떤 질문이 있으면, 저에게 전화 주시기 바랍니다.

·regarding: ~에 관하여 ·give me a call: 나에게 전화하다

Business Vocabulary Check-up ▪ 다음의 용어를 우리말로 옮겨 보세요

1. policy ______________________
2. supply ______________________
3. broken down ______________________
4. set down ______________________
5. go into effect ______________________
6. account ______________________
7. surcharge ______________________
8. alternative ______________________
9. cooperation ______________________
10. regarding ______________________

1. 정책　2. 제공　3. 고장난
4. 실행하다　5. 효력을 발휘하다　6. 계좌(계정)
7. 추가요금　8. 대안(선택)　9. 협력
10. ~에 대하여

Situation 4

새 생산라인 전시에 초대하다
Invitation to Demo New Product Line

Copy Writing 문장들을 읽고 따라서 써 봅시다

1. It is our great pleasure to inform you that our new product line is ready for your inspection.

⇨ 여러분에게 우리의 새 생산라인이 시찰을 위해 준비가 되었음을 알려 주게 되어 매우 기쁩니다.

·It is our great pleasure to inform: ~을 알리게 된 것은 우리의 큰 기쁨이다.

2. We believe that you will be delightfully surprised to see some of our latest innovations in both concept and design.

⇨ 여러분들이 개념과 디자인 면에서 가장 최신 혁신적인 모습을 보면 기뻐할 만큼 놀라게 될 것이라고 우리는 믿고 있습니다.

·innovation: 혁신

3. We invite you to call for an appointment to visit our display room.

➡ 우리는 우리 전시 공간에 방문을 위한 약속을 위해 여러분을 초대합니다.

·appointment: 시간 약속 ·display room: 전시장

4. We will be happy to arrange a demonstration time for you at your convenience.

➡ 우리는 당신이 편리 할 때 당신을 위해 전시 시간을 준비하게 되어 기쁠 것입니다.

·arrange a demonstration time: 전시 시간을 준비하다

·at your convenience: 당신이 편리할 때

5. We will look forward to seeing you soon.

곧 당신을 만나기를 기대합니다.

·look forward to: ~을 기대하다

Business Vocabulary Check-up

다음의 용어를 우리말로 옮겨 보세요

1. inspection ____________
2. innovation ____________
3. appointment ____________
4. display room ____________
5. arrange ____________
6. look forward to ____________

1. 검사(조사) 2. 혁신 3. 약속
4. 전시실 5. 준비하다 6. ~을 기대하다

Situation 5

새 지역 담당자를 소개하다

Announcement of New Area Representative

Copy Writing 문장들을 읽고 따라서 써 봅시다

1. It is my great pleasure to advise you that Alex will now be representing our firm in your area.

   ◈ 알렉스가 당신 지역의 우리 회사를 이제 대표하게 되었음을 알리게 되어 매우 기쁩니다.

   ·advise you that: ~을 당신에게 공지하다

   ·represent: 대표하다

2. Alex has been handling our accounts in Seoul for some time and is extremely knowledgeable in the field of sales.

⇒ 알렉스는 한동안 서울에서 우리의 거래처를 맡아 왔고, 세일즈 분야에서 대단히 박식하다.

·in the field of: ~ 분야에서

3. Your new representative is scheduled to visit your office on November 1, 2012.

⇒ 당신의 새 대표자는 2012년 11월 1일 당신의 사무실을 방문할 예정이다.

·representative: 대표자

상황 관련 표현

1. Let me know your arrival time in advance?
   저에게 먼저 당신의 도착 시간을 알려 주세요.
2. I would like to know when you are supposed to arrive.
   저는 당신이 언제 도착 예정인지 알고 싶습니다.
3. I will be at the airport in advance.
   제가 먼저 공항에 가 있겠습니다.
4. Let me pick you up at the gate.
   제가 게이트에서 당신을 차로 태워 드리겠습니다.
5. I will come out to greet your boss at the station.
   제가 공항에 당신의 상사를 맞이하러 나가겠습니다.

Business Vocabulary Check-up 다음의 용어를 우리말로 옮겨 보세요

1. advise ______________
2. represent ______________
3. in the field of ______________
4. representative ______________

1. 충고하다 2. 대표하다 3. ~의 분야에서 4. 대표(담당자)

Situation 6

새 지역 담당자 방문을 알리다
Announcement of New Area Representative Visit

Copy Writing 문장들을 읽고 따라서 써 봅시다

1. We have assigned Alex as our new representative for your area.

   우리는 알렉스를 당신 지역의 새 대표자로 배정했다.

   ·assign: 배정하다

2. Alex has been with experience in all aspects of our production.

   알렉스는 모든 면의 생산에 있어서 경험을 갖추어 왔다.

   ·production: 생산

3. Alex will be coming to Busan on December 1. and will be calling on you in the morning if that doesn't conflict with your schedule.

➡ 알렉스는 12월 1일 부산에 올 것이고, 당신 스케줄에 문제가 없다면, 아침에 당신을 방문할 것이다.

·calling on: 방문하다 ·conflict with schedule: 스케줄에 배치되다

4. If there is any problem with that date, please let us know.

➡ 그 날짜에 만약 문제가 있다면, 우리에게 알려 주기 바랍니다.

·let us know: 우리에게 알려 주세요

Business Vocabulary Check-up 다음의 용어를 우리말로 옮겨 보세요

1. assign ______________________
2. production ______________________
3. call on ______________________

1. ~을 제공하다 2. 생산 3. 방문하다

Situation 7

새 계좌 개설의 환영과 계약
New Open Account Welcome & Terms Letter

Copy Writing 문장들을 읽고 따라서 써 봅시다

비즈니스 영어 파일

1. Thank you for opening an account with our company.

⇨ 우리 회사와 계정을 열게 되어 감사드립니다.

·open an account with: ~와 계좌를 열다

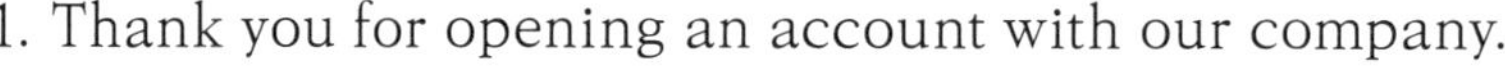

2. As one of the leaders in this industry, we can assure you that our products and our services will not disappoint you.

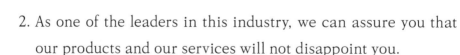

⇨ 업계의 리더 중의 하나로서 우리는 당신에게 우리 제품과 서비스가 당신을 실망시키지 않을 것 이라고 확신할 수 있습니다.

·leaders in the industry: 업계의 지도자들

3. I would like to take this opportunity to briefly set forth our terms and conditions for maintaining an open account with our firm.

➜ 나는 간단히 우리 회사와 연 계정을 유지하기 위한 계약과 조건을 설명하기 위한 기회를 갖고 싶다.

·set forth: 실행하다

4. Invoices are payable within 30 days of receipt, with a 2% discount available if your payment is remitted within ten days of receipt.

➜ 송장은 받은 지 30일 이내에 지급 가능하며, 10일 이내에 송금이 되면 2퍼센트의 할인을 받을 수 있다.

·Invoice: 송장 ·receipt: 접수/영수증 ·discount: 할인 ·remit: 송금하다

5. We consider this incentive an excellent opportunity for our customers to increase their profit margin, and therefore encourage the use of this discount privilege whenever possible.

우리는 이 인센티브가 고객에게 수익률을 늘리기 위한 좋은 기회라고 생각하며 언제든지 가능하다면 할인 특권을 이용하도록 독려하기 위한 좋은 기회라고 여기고 있다.

·profit margin: 수익률 ·discount privilege: 할인권

5. We do, however, require that our invoices be paid within the specified time for our customers to take advantage of this 2% discount.

그러나, 우리는 우리의 송장이 고객이 이 2% 할인율을 이용하도록 정해진 시간 안에 지급되어야 한다고 요구한다.

·specified time: 정해진 시간

6. At various times throughout the year we may offer our customers additional discounts on our products.

➡ 일 년 중 여러 시간에 우리는 우리 고객에게 제품에 대한 추가 할인을 제공할 수 있다.

·additional discount: 추가적 할인

7. In determining your cost in this case, you must apply your special discount first, and then calculate your 2% discount for early payment.

➡ 이 경우에 비용을 결정함에 있어, 당신은 당신의 특별 할인을 먼저 적용하고, 조기 지급에 대해 2% 할인을 계산해야 한다.

·early payment: 조기 지급

8. As the credit manager, I will be happy to answer any questions you may have regarding your new account.

신용 책임자로서, 나는 당신의 새로운 계정에 대해 갖고 있을 수 있는 어떤 질문에도 대답할 수 있게 되어 기쁠 것이다.

·credit manager: 신용 책임자

9. I can be reached at the above number.

나는 위의 번호로 연락할 수 있다.

·reach: 연락하다

10. Welcome to our family of customers.

우리 고객 가족이 된 것을 환영합니다.

·welcome to: 환영하다

Business Vocabulary

·open an account: 계정을 열다 ·set forth: 추진하다 ·terms: 조건
·invoice: 구입대장 ·receipt: 수령, 영수증 ·remit: 송금하다
·regarding: ~에 대하여

거래를 시작할 때 쓰는 표현

·Starting the deal makes us happy. 거래를 시작하는 것은 우리를 기쁘게 한다.
·We are so excited that the deal was reached. 우리는 거래에 이르는 것에 너무 흥분되었다.
·I am so glad that we have reached an agreement. 나는 우리가 협의에 이른 것이 너무 기쁘다.

Business Vocabulary Check-up 다음의 용어를 우리말로 옮겨 보세요

1. open an account ____________________
2. maintain ____________________
3. invoice ____________________
4. receipt ____________________
5. discount ____________________
6. remit ____________________
7. profit margin ____________________
8. discount privilege ____________________
9. take advantage of ____________________
10. calculate ____________________
11. early payment ____________________
12. credit manager ____________________

1. 계정을 열다 2. 유지하다 3. 구입대장 4. 영수증
5. 할인 6. 송금하다 7. 수익범위 8. 할인 혜택
9. 이용하다 10. 계산하다 11. 조기 지급 12. 신용 담당자

Situation 8

업무 대행에 관한 편지를 쓰다

Announcement of Contact Person during Representative's Absence

Copy Writing 문장들을 읽고 따라서 써 봅시다

1. Because Mr. Jones is out of the office for the next two weeks I am acknowledging receipt of your letter dated May 20, 2012.

→ 존스 씨가 다음 2주 동안, 사무실에 없기 때문에, 제가 2012년 5월 20일자 당신 편지의 접수를 받고 있는 중입니다.

·out of the office: 부재중 ·acknowledging receipt: 접수하다

Business Vocabulary

·acknowledge: 받다
·of any assistance: 도움이 되는
·do not hesitate to: 주저 없이 ~하다
·upon one's return: 다시 오자마자
·during one's absence: ~가 없는 동안에

2. It will be brought to his attention immediately upon his return.

➜ 그가 즉시 돌아오자마자, 그것은 그에게 주어질 것입니다.

·immediately upon his return: 그가 돌아오지마자

3. If I may be of any assistance during Mr. Jones' absence, do not hesitate to call me.

➜ 존스 씨가 부재하는 동안 제가 도움이 된다면, 주저하지 말고 전화 주세요.

·during Mr. Jones' absence: 존스 씨가 없는 동안에

Business Vocabulary Check-up 다음의 용어를 우리말로 옮겨 보세요

1. out of the office ______________________

2. bring to attention ______________________

3. assistance ______________________

1. 사무실에 없는 2. 관심을 불러오다 3. 도움

Situation 9

잘못된 회사 이름을 바꾸다
Ceasing to Use the Fictious Name in Business

Copy Writing 문장들을 읽고 따라서 써 봅시다

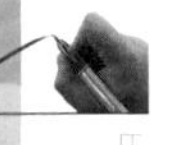

1. The undersigned company certifies the following:

아래 적혀 있는 회사는 다음 내용을 확인합니다.

·undersigned: 아래 적혀 있는 ·certify: 확인하다

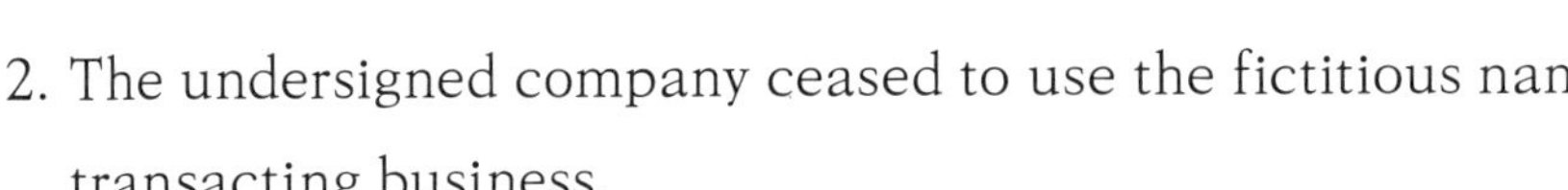

2. The undersigned company ceased to use the fictitious name in transacting business.

아래의 회사는 비즈니스 거래함에 있어 잘못된 이름을 쓰지 않게 되었습니다.

·fictitious name: 거짓된 이름(허위의 이름) ·transact: 거래하다

3. The full name of residence of the undersigned is as follows:

➾ 아래 적혀 있는 거주지의 전체 이름은 다음과 같습니다.

·residence: 거주지(사무 보는 곳)

---

4. The principal place of business of said corporation is in Seoul

➾ 이미 말한 회사의 비즈니스 주 장소는 서울에 있습니다.

·corporation: 회사

---

5. The above mentioned fictitious name is hereby abandoned.

➾ 그러므로 위에서 말한 잘못된 이름은 폐기합니다.

·abandon: 포기하다/폐기하다

Business Vocabulary

·undersigned: 서명자/아래 서명한
·fictitious name: 가명
·residence: 거주지
·hereby: 이로써, 이로 인하여
·certify: 확인하다
·transact: 거래하다
·principal: 주요한

Business Vocabulary Check-up 다음의 용어를 우리말로 옮겨 보세요

1. undersigned ______________________
2. certify ______________________
3. fictitious name ______________________
4. transact ______________________
5. residence ______________________
6. as follows ______________________
7. corporation ______________________
8. abandon ______________________

1. 아래 적혀 있는	2. 확인하다	3. 거짓된 이름
4. 거래하다	5. 거주지	6. 다음과 같은
7. 회사	8. 포기하다(폐기하다)	

Situation 10

주문을 받다
Acceptance of Order

Copy Writing 문장들을 읽고 따라서 써 봅시다

1. We acknowledge acceptance of your oder of May 1, 2012.

➡ 우리는 2012년 5월 1일 주문을 받아들이기로 했습니다.

·acceptance of order: 주문의 수용

2. The goods will be shipped to you in the following.

➡ 그 물건들은 다음과 같이 당신에게 배달될 것입니다.

·ship: 운송하다

Business Vocabulary Check-up 다음의 용어를 우리말로 옮겨 보세요

1. goods ____________ 2. ship ____________

1. 제품 2. 운송하다

Situation 11

물건을 구매하다

Purchase Order Issued on Acceptance of Delivery Date

Copy Writing 문장들을 읽고 따라서 써 봅시다

1. Your estimate for providing the item has been approved.

⇒ 그 물건을 제공하기 위한 당신의 견적서가 승인되었습니다.

·estimate: 견적서

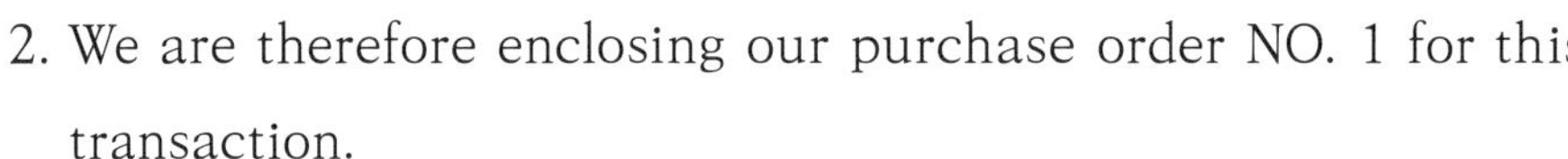

2. We are therefore enclosing our purchase order NO. 1 for this transaction.

⇒ 그러므로 우리는 이 거래를 위한 1번 구입 주문을 동봉합니다.

·purchase order: 매입 주문

3. This order has to be delivered on April1 due to commitments we have made to our customers.

➡ 우리가 고객에게 보여 준 노력 때문에 이 주문은 4월 1일에 배달되어야 합니다.

·make commitments: 헌신적인 노력을 하다

4. Thank you for all of your cooperation in this matter.

➡ 이 문제에 있어 모든 협조에 대해 당신에게 감사드립니다.

·in this matter: 이 문제에 있어서

Business Vocabulary

·estimate: 견적서 ·enclose: 동봉하다 ·purchase order: 구입 주문
·make a commitment: 전념(헌신)하다 ·cooperation: 협력

Business Vocabulary Check-up 다음의 용어를 우리말로 옮겨 보세요

1. estimate ________ 2. approve ________
3. purchase order ________ 4. deliver ________
5. commitment ________ 6. in this matter ________

1. 견적서 2. 승인하다 3. 매입 주문 4. 배달하다
5. 헌신적인 노력 6. 이 문제에 있어서

Situation 12

역제안을 인정하다 (Acceptance of Counter Proposal)

Copy Writing 문장들을 읽고 따라서 써 봅시다

1. Your counter proposal on the above referenced project has been reviewed and is acceptable in its entirety.

☞ 위에 언급한 프로젝트에 대한 역제안이 검토되어 전적으로 채택되었습니다.

·counter proposal: 역제안 ·review: 검토하다

Business Vocabulary

·counter proposal: 반대 제안서 ·review: 검토하다
·in entirety: 전적으로 ·agreement: 협정
·enthusiastically: 열렬히 ·look forward to: 기대하다
·have the opportunity to: ~할 기회를 갖다

2. We are enclosing a copy of the agreement along with two copies for your files.

➡ 우리는 당신 파일의 2개 사본과 함께 협정서의 사본을 첨부합니다.

·copy: 사본 ·agreement: 협정서

---

3. We are enthusiastically looking forward to this project.

➡ 우리는 이 프로젝트에 대해 열렬히 기대합니다.

·project: 프로젝트

---

4. We are pleased about having the opportunity to work together.

➡ 우리는 함께 일하게 된 기회를 갖게 된 데 대해 기뻐하고 있습니다.

·have the opportunity to: 기회를 갖다.

Business Vocabulary Check-up 다음의 용어를 우리말로 옮겨 보세요

1. counter proposal ______________ 2. copy ______________

3. agreement ______________ 4. work together ______________

1. 역제안 2. 베끼다(사본) 3. 협정 4. 함께 일하다

Situation 13

늦은 반납을 허락하다
Late Return Authorization

Copy Writing 문장들을 읽고 따라서 써 봅시다

1. This is to acknowledge your letter of June1, 2012.

이것은 2012년 6월 1일 편지를 받아들이는 것입니다.

·acknowledge: 받아들이다

2. The merchandise delivered to you on July 1 was defective.

7월 1일에 당신에게 배달된 상품은 결함이 있었습니다.

·merchandise: 상품 ·defective: 결함 있는

3. If you will read our terms and conditions for sale, you will note that our policy either accept or reject our merchandise in regard to defects.

➾ 당신이 판매에 대한 계약과 조건을 읽으면, 우리 정책이 결함에 대해 받아들일지 거부할지를 당신은 알게 될 것입니다.

·term: 계약(조건) ·note: 주시하다/주목하다

4. This affords our customers an adequate period of time to be assured that the merchandise is free from defects.

➾ 이것은 고객에게 그 제품이 결함이 없다는 것을 분명히 알 수 있도록 충분한 시간을 주는 것입니다.

·afford: 주다 ·free from defect: 결함이 없는

5. Since this is the first time you have made this request of us, we will accept the return of the merchandise.

➾ 이것은 당신이 우리에게 요구한 첫 번째이므로 그 상품의 반환할 것입니다.

·return: 반환

6. We will issue a credit to your account in the amount of $20,000.

우리는 2만 달러 금액을 당신 계좌로 예금할 것입니다.

·issue a credit: 입금하다

7. We are sorry that you experience a problem with our product.

당신이 우리 물건에 대해 문제를 경험하게 되어 유감입니다.

·product: 제품

8. We appreciate having your firm as one of our valued customers.

우리는 당신 회사를 우리의 귀중한 고객 중의 하나로 갖게 된 것에 감사합니다.

·firm: 회사

·acknowledge: 인정하다/받아들이다

·defective: 결함 있는

·note: 주목하다

·in regard to: ~한 점에서

·afford: 제공하다

·free from: ~이 없는

·issue a credit to ~ account: ~ 계좌에 신용(금액)을 주다

·appreciate: 감사하다

·firm: 회사

·valued customer: 귀중한 고객

Business Vocabulary Check-up 다음의 용어를 우리말로 옮겨 보세요

1. merchandise ________________ 2. defective ________________

3. term ________________ 4. afford ________________

5. free from ________________ 6. request ________________

7. return ________________ 8. issue a credit ________________

9. amount ________________ 10. firm ________________

11. valued customer ________________

1. 상품 2. 결함있는 3. 계약(조건) 4. 주다

5. ~이 없는 6. 요청하다 7. 반환하다 8. 입금하다

9. 양(금액) 10. 회사 11. 귀중한 고객

Situation 14

결함이 있는 물건을 반환하다
Returning the Damaged Goods

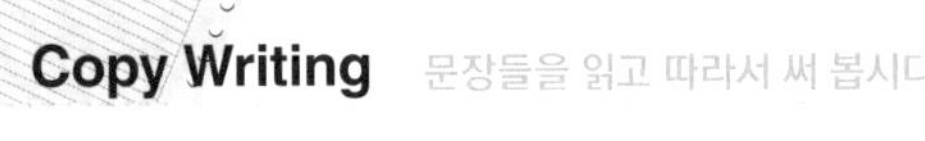

Copy Writing 문장들을 읽고 따라서 써 봅시다

1. Your letter of Aug 1 in which you described the condition of the item you ordered from us has been brought to my attention.

   당신이 우리에게 주문했던 물건의 상태를 설명했던 8월 1일자 당신의 편지가 나의 관심을 끌게 되었습니다.

   ·bring to attention: 관심을 갖다

2. We are very sorry that this merchandise was damaged in transit.

   우리는 운반 시에 이 물건이 파손되었음을 매우 유감스럽게 생각합니다.

   ·transit: 운송/운반

3. Please return the damaged goods to us by placing the original carton inside a slightly larger box and attaching a copy of your letter to us on the outside of the package.

➡ 파손된 제품은 원래 포장 박스와 함께 약간 큰 박스에 담으시고, 박스 외부에 저희에게 알릴 내용을 첨부하여 반송해 주시기 바랍니다.

·carton: 판지 ·package: 소포

____

____

____

____

4. Upon receipt of the merchandise, we will immediately send you a replacement and a check to reimburse you for the extra shipping expense.

➡ 그 상품을 받자마자, 우리는 즉시 대체품을 당신에게 보내고, 추가 운송비에 대해 당신에게 변상하기 위한 돈을 보내겠습니다.

·replacement: 대체품 ·reimburse: 변상하다

____

____

____

____

5. I am sorry for this inconvenience, but this procedure must be followed for insurance purposes.

이러한 불편에 죄송스럽게 생각하지만, 이 절차는 보험 목적을 위해 반드시 이어져야 합니다.

·procedure: 절차 ·insurance: 보험

6. Thank you for your understanding and patience.

당신의 이해와 인내심에 감사드립니다.

·patience: 인내심

Business Vocabulary

·bring to ~ attention: 관심을 끌다
·transit: 수송
·attach: ~을 붙이다
·merchandise: 상품
·carton: 상자
·reimburse: 갚다, 변상하다

Business Vocabulary Check-up · 다음의 용어를 우리말로 옮겨 보세요

1. describe ______________________
2. transit ______________________
3. carton ______________________
4. attach ______________________
5. replacement ______________________
6. reimburse ______________________
7. inconvenience ______________________
8. procedure ______________________
9. insurance ______________________

1. 기술하다	2. 운송	3. 판자
4. 첨부하다(붙이다)	5. 대체품	6. 변상하다
7. 불편	8. 절차	9. 보험

Situation 15

금액 차이를 그대로 알리다
Initial Notice of Balance Discrepancy

Copy Writing 문장들을 읽고 따라서 써 봅시다

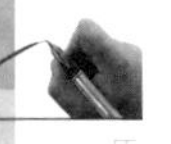

비즈니스 영어 파일

1. In your letter dated October 1, you have indicated that my current balance in the above referenced account is $100,000.

   ⇒ 10월 1일자 당신의 편지에서, 당신은 위에 언급한 계좌에서 나의 현재 잔액이 100,000달러라고 지적했다.

   ·current balance: 현재 금액

2. Since this amount does not agree with my records, I am preparing an accounting to find the discrepancy.

➾ 이 금액은 나의 기록과 다르기 때문에, 나는 그 차이를 찾기 위해 회계를 준비 중이다.

·discrepancy: 차액

3. I should have a reconciliation ready for your review within the next ten day.

➾ 나는 다음 10일 안에 검토를 위해 조정안을 준비해야 한다.

·reconciliation: 조정/화해

4. Once I am satisfied with the accuracy of the accounting, I will forward a letter, with any required documentation, to your attention.

➾ 일단 내가 회계의 정확성에 만족을 하면, 나는 편지를 전달할 것이고 당신이 보도록 요구된 서류가 포함될 것이다.

·forward: 전달하다

Business Vocabulary

·current balance: 현재 잔고

·discrepancy: 차액, 차이

·accountant: 회계사

·have a reconciliation ready: 조정안을 준비시키다

·accuracy: 정확성

·accounting: 회계

Business Vocabulary Check-up 다음의 용어를 우리말로 옮겨 보세요

1. indicate __________
2. current balance __________
3. discrepancy __________
4. reconciliation __________
5. accuracy __________
6. forward __________
7. documentation __________

1. 가르키다 2. 현재 금액 3. 차액
4. 조정(화해) 5. 정확 6. 전달하다
7. 서류(작업)

Situation 16

파손 물건을 조건부로 구입하다
Notice to Elect to Accept Damaged Goods

Copy Writing 문장들을 읽고 따라서 써 봅시다

1. The undersigned received defective or non-conforming goods on our order dated April 1, 2012.

   아래 서명자는 2012년 4월 1일자 우리 주문에 대한 결함 물건을 접수하였습니다.

   ·non-conforming: 비정상적인/부적합한

2. The items and nature of damage or non-conformity are as follows.

   파손 또는 문제 물건과 내용은 다음과 같습니다.

   ·nature: 속성/내용

3. We shall accept said goods provided we are allowed a deduction of $500 from the price.

➡ 우리에게 그 가격에서 500달러를 공제해 주시면 상기 물건을 받아들이겠습니다.

·deduction: 공제, 빼기

4. Please advise immediately.

➡ 바로 알려 주시기를 바랍니다.

·advise: 공지하다

요청한 내용과 다르다고 알릴 때 쓰는 표현

·It's not the product that we asked for.

그것은 우리가 요구했던 제품이 아닙니다.

·We asked for an up-to-date document, not the previous one.

우리는 예전 문서가 아닌 최신 문서를 요청했습니다.

·The item you sent us does not correspond to our request.

당신이 우리에게 보냈던 물건은 우리 요구와 맞지 않습니다.

Business Vocabulary Check-up 다음의 용어를 우리말로 옮겨 보세요

1. non-conforming ________ 2. deduction ________ 3. advise ________

1. 비정상적인(부적합한) 2. 공제(빼기) 3. 공지하다

Situation 17

사임을 받아들이다
Acceptance of Resignation

Copy Writing 문장들을 읽고 따라서 써 봅시다

1. It is with deep regret that we accept your resignation as marketing manager of the our company.

   ➾ 우리 회사의 마케팅매니저로 당신이 사임하게 된 것을 받아들이게 되어 심히 유감입니다.

   ·deep regret: 깊은 유감 ·resignation: 사임

2. We can appreciate all of thee fine contributions you have made as marketing manager.

   ➾ 우리는 당신이 마케팅 매니저로서 보여 준 3가지 멋진 공헌 모두에 감사할 수 있습니다.

   ·contribution: 공헌/기여

Business Vocabulary Check-up 다음의 용어를 우리말로 옮겨 보세요

1. regret ____________________

2. resignation ____________________

3. contribution ____________________

1. 유감(후회) 2. 사임 3. 공헌(기여)

Situation 18

예상치 않은 운송 지연을 알리다

Advice to Customer of Unexpected Delay in Shipment

Copy Writing 문장들을 읽고 따라서 써 봅시다

1. Thank you for your order.

⇒ 당신의 주문에 대해 감사드립니다.

·order: 주문

2. At this time we cannot fill your order due to an unexpected shipment delay from our overseas suppliers.

⇒ 지금 우리는 해외 공급자들로부터 예상치 못한 운송 지연으로 당신의 주문을 채울 수 없습니다.

·shipment delay: 운송 지연 ·overseas suppliers: 해외 공급자들

3. We will hold your order for arrival of the merchandise, and ship shortly thereafter.

⇒ 우리는 그 상품의 도착에 대해 주문을 보류할 것이고 그 후에 곧 운송할 것입니다.

·hold: 보류하다

3. Unfortunately, we cannot provide you with a specific shipping date at this time.

⇒ 불행하게도, 우리는 당신에게 지금 현재 구체적인 운송 날짜를 제공할 수 없습니다.

·shipping date: 운송 날짜

4. Thank you for your anticipated patience in this matter.

⇒ 이 문제로 보여 준 당신의 예상되는 인내에 대해 감사드립니다.

·anticipated patience: 예상되는 인내

Business Vocabulary Check-up 다음의 용어를 우리말로 옮겨 보세요

1. fill the order ____________________
2. shipment delay ____________________
3. overseas supplier ____________________
4. shortly ____________________
5. shipping date ____________________
6. anticipate ____________________

1. 주문을 채우다 2. 운송 지연 3. 해외 공급자들
4. 곧 5. 운송 날짜 6. 고대하다

Situation 19

회의 답신 지연에 대해 사과하다

Apology for Delayed Response & Request for Meeting

Copy Writing 문장들을 읽고 따라서 써 봅시다

1. This is to inform you that we are unable to make delivery on the above referenced purchase order on the date indicated.

   → 이것은 우리가 지정 날짜에 위에서 언급한 구입 주문에 대한 배달을 할 수 없음을 알리는 것입니다.

   ·above referenced purchase order: 위에서 언급한 구매 주문

2. We should have our merchandise ready to ship within 10 days of the original delivery date.

   → 우리는 우리 물품이 최초 배달 날짜 10일 이내에 선적 준비를 시켜야 됩니다.

   ·have our merchandise ready to ship: 우리 상품을 선적시킬 준비를 하다

3. Please accept our apology for this delay and thank you for your understanding.

➡ 이러한 지체에 대한 사과를 받아 주시면 좋겠습니다. 그리고 당신의 이해에 감사드립니다.

·apology: 사과

사과할 때 쓰는 표현

·Please accept our apologies for the late reply.
늦은 답변에 대해 우리 사과를 받아 주세요.

·I am sorry to be replying late.
늦게 대답해서 미안합니다.

·I've been so busy lately.
제가 최근에 몹시 바빴습니다.

·I've been bogged down with an important projects.
제가 중요 프로젝트에 빠져 있었습니다.

·I know it's a lame excuse, but I was too busy.
구차한 변명인 줄 알지만, 제가 정말 바빴습니다.

Business Vocabulary Check-up 다음의 용어를 우리말로 옮겨 보세요

1. original ____________ 2. apology ____________

1. 본 제품(최초 물건) 2. 사과

Situation 20

카탈로그 가격을 할인하다

Announcement of Catalog Price Reductions

Copy Writing 문장들을 읽고 따라서 써 봅시다

1. This is to advise you that, for a limited period of time, we are reducing prices on certain items in our catalog.

   이것은 일정 기간 동안 우리가 우리 카탈로그에 있는 일정 물건에 대해 가격을 할인하는 것을 여러분에게 공지하는 것입니다.

   ·reduce prices: 가격들을 줄이다

2. Take a moment to review the enclosed catalog.

   잠시 시간을 내어, 동봉된 카탈로그를 검토해 주기 바랍니다.

   ·take a moment to: 시간을 잠시 내어

3. I have circled in red ink the items that are temporarily reduced.

➡ 나는 빨간 잉크로 한시적으로 할인이 되는 물건들에 동그라미 표시를 해 두었습니다.

·temporarily: 일시적으로

4. Please take advantage of these prices.

➡ 이 가격들을 이용해 보기 바랍니다.

·take advantage of: 이용하다

5. If you wish to order large quantities, give me a call.

➡ 다량으로 주문하고 싶으면, 저에게 전화를 주십시오.

·quantity: 양

6. We will try to work out mutually acceptable terms and conditions.

➡ 우리는 상호 받아드릴 수 있는 계약과 조건을 잘 되도록 노력할 것입니다.

·work out: 문제를 해결하다

7. These prices are only in effect until January 1, 2012.

→ 이 가격들은 2012년 1월 1일까지만 유효합니다.

·in effect: 유효하다

보고서의 종류

·monthly report: 월간 보고서

·sales report: 영업 보고서

·balance sheet: 대차대조표

·financial statement: 재무제표

Business Vocabulary Check-up

다음의 용어를 우리말로 옮겨 보세요

1. reduce ____________
2. catalog ____________
3. take a moment to ____________
4. temporarily ____________
5. take advantage of ____________
6. quantity ____________
7. give a call ____________
8. work out ____________
9. mutually ____________
10. in effect ____________

1. 줄이다
2. 목록
3. 시간을 잠시 내어
4. 일시적으로
5. 이용하다
6. 양
7. 전화하다
8. 문제를 해결하다
9. 상호(서로서로)
10. 유효하다

Situation 21

무료 배송을 제한하다

Announcement of Free Delivery Limitations Change

Copy Writing 문장들을 읽고 따라서 써 봅시다

1. There has been a change in our delivery service policy which we would like to bring to your attention.

   ⇒ 여러분의 관심을 받고 싶은 배달 서비스 정책에 변화가 있었습니다.

   ·delivery service policy: 배달 서비스 정책

2. We have always provided free delivery for any orders placed with the company, regardless of the size of the order.

   ⇒ 우리는 항상 주문 크기에 관계없이 회사에 주어진 어떤 주문에도 무료 배송을 해오고 있습니다.

   ·regardless of: 관계없이

3. Due to the increase in the price of fuel, we must now limit this free delivery service to any orders over $100, not including the purchase of cigarettes.

연료비의 상승 때문에 우리는 이제 담배 구입은 포함하지 않고 100달러 이상의 주문에 대한 무료 배송 서비스에 제한을 두어야 합니다.

·limit: 제한하다

4. We regret the necessity of imposing this restriction.

우리는 이러한 제약을 부과한 것에 대해 유감스럽게 생각합니다.

·impose restriction: 제약을 부과하다

5. We wish to take this opportunity to thank you for being one of our most valued customers.

우리는 우리의 가장 귀중한 고객 중의 하나가 된 것에 대해 여러분에게 감사할 기회를 갖고 싶습니다.

·wish to: 소망하다

Business Vocabulary Check-up · 다음의 용어를 우리말로 옮겨 보세요

1. delivery service ______________________
2. provide ______________________
3. regardless of ______________________
4. due to ______________________
5. limit ______________________
6. impose ______________________
7. restriction ______________________

1. 배달 서비스 2. 공급하다 3. ~에 관계없이
4. ~때문에 5. 제한하다 6. 부과하다
7. 제약

Situation 22

가격을 인상하다
Announcement of Price Increase

Copy Writing 문장들을 읽고 따라서 써 봅시다

1. Due to the increase in raw material costs, we must unfortunately raise the cost of our merchandise to you.

   원자재 비용의 상승 때문에, 우리는 불행하게도 여러분에게 우리 상품의 비용을 올리게 되었습니다.

   ·raw material: 원자재 ·raise the cost: 비용을 올리다

2. We have avoided raising our prices for as long as possible, but we can no longer prolong the inevitable.

➡ 우리는 가능한 오랫동안 우리 가격을 올리는 것을 피해 왔지만, 더 이상 불가피함을 연장할 수 없게 되었습니다.

·prolong: 연기하다 ·inevitable: 불가피한

3. We have enclosed our new price list for your review which goes into effect on May 1.

➡ 우리는 5월 1일자로 발효하는 당신의 검토용 새 가격 리스트를 동봉하고 있습니다.

·price list: 가격표

4. Any orders placed between now and May 1 will be honored at the lower prices.

➡ 지금부터 5월 1일까지 어떤 주문도 낮은 가격으로 혜택을 받을 것입니다.

·honor: 우대받다

지불 조건을 알릴 때 쓰는 표현

·Please prepay 25% of the total cost.

전체 비용의 25%를 선지급해 주세요.

·Fourteen percent of the shipping cost should be paid in advance.

운송비의 14%가 선지급되어야 합니다.

·Would you tell me the way how to pay?

저에게 지급 방법을 알려 주시겠어요?

·How would you like to pay for the product?

당신은 제품에 대해 어떻게 지불하고 싶으신가요?

·Will you select the terms of payment you prefer?

당신이 선호하는 지급 조건을 골라 주시겠어요?

Business Vocabulary Check-up 다음의 용어를 우리말로 옮겨 보세요

1. raw material ____________

2. prolong ____________

3. honor ____________

1. 원자재 2. 연기하다 3. 존경(우대받다)

Situation 23

제휴사 경영권을 장악하다

Announcement of Partnership Buyout

Copy Writing 문장들을 읽고 따라서 써 봅시다

1. This is to inform you that I have purchased all of the interest of my former partner SC, and that he is no longer associated with the firm of SC.

   ➾ 이것은 내가 나의 전 제휴사 SC의 모든 이익을 매수하고 더 이상 SC 회사와는 관계없음을 알려 드리는 것입니다.

   ·former: 이전의

2. Our business will continue to provide the same high quality products and service on which we have built our reputation.

→ 우리 비즈니스는 우리가 쌓아 온 명성에 같은 높은 품질 제품과 서비스를 계속 제공할 것입니다.

·reputation: 명성

3. This internal change will in no way effect our company policy or manner of conducting business.

→ 이 내부 변화가 결코 우리 회사의 정책이나 비즈니스 수행 방식에 영향을 주지는 않을 것입니다.

·internal: 내부의 ·conduct: 이행하다

4. I would like to take this opportunity to thank you for the courtesies you have shown us in the past.

→ 나는 과거에 여러분이 우리에게 보여 준 배려에 감사할 기회를 갖고 싶습니다.

·courtesy: 배려/예절

5. I hope that you will let us continue to serve your business in a way that is mutually beneficial and profitable to us both.

➡ 나는 우리 쌍방에 서로 유익하고 이익이 되는 방식으로 당신의 비즈니스에 우리가 계속 기여했으면 좋겠습니다.

·mutually: 상호 간에 ·profitable: 이익이 되는

주요 업무 부서에 관한 표현

·personnel department: 인사부
·general affairs administration: 총무부
·accounting department: 경리부
·sales department: 영업부
·overseas sales department: 해외 영업부

Business Vocabulary Check-up 다음의 용어를 우리말로 옮겨 보세요

1. former ____________
2. associate ____________
3. reputation ____________
4. internal ____________
5. effect ____________
6. conduct ____________
7. take the opportunity ____________
8. beneficial ____________
9. profitable ____________

1. 이전의 2. 연관되다 3. 명성 4. 내적인
5. 효과 6. 이행하다 7. 기회를 잡다 8. 유익한
9. 이익이 되는

Situation 24

채무 연장에 합의하다
Agreement to Extend Debt Payment

Copy Writing 문장들을 읽고 따라서 써 봅시다

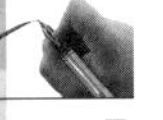

1. The Company presently owes the Creditor the sum of $10,000.

➾ 회사는 10,000달러의 금액을 현재 채권자에게 주어야 합니다.

·owe: 빚을 지다

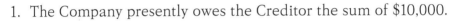

2. In further consideration of the Creditor's forbearance, the Company agrees to pay said debt on extended terms in the manner following:

➾ 채권자의 지불 유예를 좀 더 고려하여, 회사는 언급한 채무를 다음과 같이 연장된 조건으로 지급하기로 동의했습니다.

·forbearance: 지불 유예

3. In the event the Company fails to make any payments punctually on the agreed extended terms, the Creditor shall have full rights to proceed for the collection of the entire balance then remaining.

➾ 회사가 협의한 연장 조건에 정확히 지불하지 않으면, 그때 남아 있는 전체 금액에 대해 처분할 모든 권리를 채권자가 갖게 될 것입니다.

·in the event: 경우에

·extended terms: 기간이 연장된

·proceed: 처분하다

4. This agreement shall be binding upon and inure to the benefit of the parties, their successors, assigns and personal representatives.

➾ 이 협정은 양진영, 후임자, 수탁인, 개인 대리인에 구속되고 효력이 발생할 것입니다.

·bind upon: 구속하다

·inure to: 효력이 발효되다

·assign: 수탁인

관련 표현

·Let me know your repairs and returns policy.

저에게 당신의 수리 정책과 반환 정책을 알려 주시겠습니까?

·Would you please tell me the reason for requesting the refund?

당신이 저에게 환불 요청 이유에 대해 말씀해 주시겠습니까?

Business Vocabulary Check-up 다음의 용어를 우리말로 옮겨 보세요

1. owe ____________
2. creditor ____________
3. forbearance ____________
4. debt ____________
5. extended terms ____________
6. balance ____________
7. bind upon ____________
8. inure to ____________
9. successor ____________
10. assign ____________
11. representative ____________

1. 빚을 지다 2. 채권자 3. 지불 유예 4. 빚(부채)
5. 기간이 연장된 6. 잔액(금액) 7. 구속하다 8. 효력이 발효되다
9. 후임자 10. 수탁인 11. 대리인(담당자)

Situation 25

사무실 이전을 알리다

Announcement of Additional Location

Copy Writing 문장들을 읽고 따라서 써 봅시다

1. As of Monday, July 1, 2012, LS Sales Corporation of America's Eastern Regional Office will be located in our new offices and warehouse building at 123 Grandiosa Boulevard, Tampa,. Florida, 33715.

   2012년 7월 1일 월요일 현재, 미국 동부지역 사무실 LS 판매법인이 123 Grandiosa Boulevard, Tampa,. Florida, 33715.에 있는 새 사무실과 창고 건물에 이전할 것입니다.

   ·as of: ~현재

2. The telephone number for this new location is (813) 123-4567.

   새 장소에 대한 전화번호는 (813) 123-4567입니다.

   ·new location: 새 주소지

3. Our Manufacturing Division will remain at 1234 Santa Fe Avenue, in St. Petersburg.

우리 제조분과는 1234 Santa Fe Avenue, in St. Petersburg에 남을 것입니다.

·remain: 남다

4. Our Company is please to announce the addition of a new location for your convenience.

우리 회사는 여러분의 편의를 위해 새 장소로 다시 이전함을 알리게 되어 기쁩니다.

·for your convenience: 당신의 편의를 위해서

Business Vocabulary Check-up 다음의 용어를 우리말로 옮겨 보세요

1. as of ______
2. warehouse ______
3. location ______
4. for your convenience ______

1. ~현재 2. 창고 3. 주소지(위치) 4. 당신의 편리를 위해서

Tips for Writing Business Letters

1. 인사말

- 상대방을 정확히 모르는 경우: to whom it may concern
- 직업 타이틀이나 관계를 쓴 경우: Dear Sales Manager: Dear Customer
- 인사말에 회사 이름은 쓰지 않는다: Dear Microsoft (X)
- 이메일에서는 인사말을 쓰지 않는다.
- 맺음말에서 친필 서명을 위해 2줄을 남긴다.

Sincerely

(서명)
____

____

Paul Shin
Customer Service Manager

2. 글을 쓸 때 문장별로 줄을 바꿔 쓰지 않고, 붙여서 단락을 단위로 쓴다. 내용을 열거할 때만 한 줄 단위로 쓸 수 있다.

(Paragraph 구성 단위)

(문장) ________ . (문장) ________ . (문장) ________ .
(문장) ________ . (문장) ________ .

(Sentence 단위: 문장별로 줄을 이어서 써야 된다)

______________________ .

______________________________________ .

____ .

____ .

3. 비즈니스에 많이 사용되는 형용사/ 동사/ 명사

불평을 나타내는 말

(형용사)

- One part was <u>missing/ broken/ damaged</u>.

  부품 하나가 없어졌습니다. / 고장났습니다. / 손상되었습니다.

- It is <u>defective</u>.

  그것은 결함이 있습니다.

- Our order was <u>incomplete</u>.

  우리 주문은 불완전했습니다.

- This is <u>unacceptable/ unsatisfactory</u>.

  이것은 받아들이기 어렵습니다./ 불만족스럽습니다.

- The invoice/ bill/ information is incorrect/ wrong.

청구서/ 계산서정보는 잘못되었습니다./ 틀린것입니다.

- We are disappointed with the quality.

우리는 품질에 실망했습니다.

(동사)

- We cancelled the order on May 6.

우리는 5월 6일 주문을 취소했습니다.

- It does not fit/ work.

그것은 어울리지 않습니다./ 유효하지 않습니다.

- It fell apart/ broke after only two uses.

그것은 단지 두 번 사용한 뒤에 분리되었습니다./ 고장났습니다.

- We were billed too much.

우리는 너무 많이 청구를 받았습니다.

(명사)

- We deserve compensation for the problems we encountered.

우리는 직면한 문제들에 대해 보상을 받을 자격이 있습니다.

PART III 비즈니스 실전 영어

1 회의 영어

1 회의 요청

- Could we schedule a time to meet next week?

  우리는 다음 주에 만날 시간을 잡을 수 있습니까?

- I'd like to schedule a meeting as soon as possible.

  저는 가능한 빨리 회의를 잡고 싶습니다.

- Can we meet and go over this together?

  우리가 함께 만나서 이것을 검토할 수 있습니까?

- Perhaps we could meet and go over the details in person.

  우리가 직접 만나서 세부사항들을 검토할 수 있을듯합니다.

2 회의 시간 제안

- How about Monday at nine?

  월요일 9시에 어때요?

- How about sometime after week?

이번 주 지나서 언제가 좋은가요?

- Could I suggest 7:30 on Thursday evening?

제가 목요일 저녁 7시 30분으로 제안해도 될까요?

3 회의 참석 못할 때 쓰는 표현

- Sorry, I can't make it then.

미안합니다. 저는 그때 시간을 맞출 수 없습니다.

- I'm afraid I have another appointment then.

그때 다른 약속이 있어서 걱정입니다.

- I'm a bit tired up then. How about another time?

그때 저는 좀 탈진한 상태일 겁니다. 다른 시간은 어떻습니까?

4 참석에 동의할 때 쓰는 표현

- Sounds good.

좋습니다.

- Yes, that works for me.

예. 그것은 저에겐 좋습니다.

▪ Yes, that would be fine.

예, 그건 좋습니다

5 미팅 시간을 확인할 때 쓰는 영어

▪ See you Monday at seven.

월요일 7시에 봅시다.

▪ So, I look forward to seeing you on Tuesday four.

그래서, 저는 화요일 4시에 당신을 만나기를 고대합니다.

6 이메일 바로 쓰기

영어에서 비즈니스 커뮤니케이션을 할 때 이메일은 자유롭고 친근한 스타일의 표현을 쓴다. 예를 들면, 인사할 때 다음과 같은 자유로운 표현을 쓰게 된다.

·Hi, Martha

·Hello, Paula

·Dear, Jim

잘 모르는 사람들과 비즈니스를 하는 상황에서는, 격식을 차려 인사한다.

: Dear Mr. Simpson

끝맺는 말도 좀 더 예의를 갖춘다.

·Best regards. (중립적일 때)

·Yours sincerely. (매우 격식을 차릴 때)

·Looking forward to seeing you soon. (자유롭게 이야기할 때)

·I look forward to our meeting on Monday. (격식을 차려 말할 때)

이메일의 첫 글자는 대문자로 쓴다.

·Hello Robert,

·Just to let you know~

7 이름 인용하기

영어를 쓰는 비즈니스는 이름을 인용하는 것이 일반적이다.
항상 모든 곳이 다 그런 것은 아니더라도, 나이가 적은 사람이나, 부하직원이 사무실에서 이름을 사용하여 말을 걸기도 한다.
처음 누군가를 만나는 경우에는 성을 부르면서 대화를 하는 것이 가장 좋다.

·It's a pleasure to meet you, Ms. Carmichael.

·Pleased to meet you, Mr. Freeman.

그 뒤에 빨리 이름을 부르는 쪽으로 바꿔 사는 것이 좋은데, 첫 만남 이후에나 2번째 만남 때 이름을 부를 수 있는 것이 중요하다. 물론 이름을 부를 수 있는 다정하고 편안한 분위기라고 생각되면 비즈니스 파트너의 이름을 부를 수 있다.

이때 다음과 같은 표현으로 허락을 구할 수 있다.

- Do you mind if I call you Caroline?

  제가 당신을 Caroline이라고 불러도 괜찮아요?

이때 대답은 다음과 같이 한다.

- No, not at all. Please do.

  아니에요, 전혀 문제없어요. 그렇게 하세요.

그리고 상대에게 자신의 이름을 불러도 좋다는 영어표현을 다음과 같이 쓴다.

- Please, call me Carl.

  Carl이라고 불러 주세요.

- By the way, it's Paula.

  그나저나, Paula입니다.

8 참가자를 환영할 때

- It's nice to see everyone.

  모두 만나 뵙게 되서 영광입니다.

- Thanks for being here today.

  오늘 이 자리에 오신 것을 감사드립니다.

9 목적을 기술할 때

- We'll be discussing ________________

우리는 ________________을/를 의논할 것입니다.

- John will be examining ________________

John은 ________________을/를 검토할 것입니다.

10 참가자에게 소개를 부탁할 때

- Why don't you introduce yourself to everyone.

모두에게 소개 부탁드립니다.

- Tell us a bit about yourself.

저희에게 당신에 관하여 말해 주세요.

- Could you tell us all who you are and say something about yourself?

저희에게 당신이 누군지 그리고 당신에 관하여 소개해 주실 수 있나요?

11 자신을 소개할 때

- I'm the business development manager.
  저는 사업개발부서 책임자입니다.
- I've been with the company since 2002.
  저는 2002년부터 그 회사에 있습니다.
- I've worked for the company for four years.
  저는 그 회사에서 4년 동안 일했습니다.
- I'm based in the Seoul office.
  저는 Seoul 사무실에서 근무합니다.
- I work at our Busan branch.
  저는 Busan 지점에서 일합니다.

12 공손하게 끼어들기

영어를 쓰는 비즈니스 상황에서 끼어드는 일은 흔하게 일어난다. 그렇지만, 상대에게 불쾌하지 않게 하는 것이 중요하다. 다른 사람이 큰소리로 들을 수 있는 대화는 피하는 것이 좋다.

그러므로 다음과 같은 표현을 활용하여 끼어드는 것이 좋다.

- Sorry to interrupt you.
  방해해서 죄송합니다. (좀 더 공손하게)

▪ I apologize for interrupting but ______________

방해해서 죄송하지만 ______________

그리고 끼어들어도 되는지를 물어 보는 것이 바람직하며 다음과 같은 표현을 사용한다.

▪ Could I come in here?

제가 여기서 말을 해도 될까요?

▪ Could I make a point here?

제가 여기서 말씀드려도 괜찮을까요?

▪ Could I just comment on that?

제가 그것에 대해 언급해도 괜찮을까요?

또는 대화를 하지 않고 침을 삼키는 동작이나 기침을 하며 상대로 하여금 관심을 갖게 하고 물어보는 경우도 있다.

13 명료하게 이야기를 부탁할 때

상대가 하는 말을 이해하지 못할 때는 다음과 같은 영어 표현을 쓴다.

▪ I'm afraid I don't understand your point here.

저는 당신의 이야기를 이해하지 못한 것 같습니다.

또는 상대방에게 분명한 의견을 물어볼 때 다음과 같은 표현으로 시작한다.

- Are you saying that we should have invested in new project management software?

  저희가 투자하고 있는 새 프로젝트 관리 소프트웨어에 대해 말씀하시는 건가요?

- Do you mean that it was a mistake to lower our prices?

  가격을 인하한 것이 실수라고 말씀하시는 건가요?

- Is your point that we need to start production earlier than planned?

  우리가 계획했던 것 보다 더 일찍 생산을 시작해야 할 필요가 있다는 말씀이신가요?

질문 대신에 정중한 말을 함으로써 분명히 뜻을 전하는 경우도 있다.

- What I meant to say is ~

  제가 말하려는 것은~

- I was trying to say that ~

  제가 말하려고 했던 것은~

14 비판을 부드럽게 말할 때

때때로 강하고 직접적인 어조로 비판을 하고 싶을 때가 있다면 다음과 같이 표현하라.

- Your performance has been terrible/ awful.

당신의 실적은 형편없었습니다.

그러나 대부분 좀 더 외교적이고 간접적으로 비판을 표시하고 싶을 것이다. 예를 들면 부정적인 표현을 쓰지 않으려고 할 것이다.

- His performance was awful.
  - ➡ His performance was not very good.
- Her report was terrible.
  - ➡ Her report was not really up to standard.

오히려 somewhat이나 a bit 같은 말을 써서 비판을 부드럽게 하는 게 좋다.

- Your work on the project was somewhat unsatisfactory.

당신의 그 프로젝트 업무는 다소 불만족스러웠습니다.

- Her management of the team is a bit disappointing.

그녀의 그 부서 관리는 다소 실망스럽습니다.

또한, unsatisfactory, below standard, inadequate 등과 같은 말을 사용하면 더욱 좋다.

- The quality of service is not really satisfactory.

서비스 품질은 만족스럽지 않습니다.

- The voice quality is not really up to standard.

음성품질은 기대에 미치지 못합니다.

- Your work is not really adequate.

당신의 업무는 만족스럽지 못합니다.

15 긍정적인 제안을 할 때

논쟁을 중단할 때, 긍정적인 제안을 하여 문제를 해결한다.

- I suggest that we ask for another meeting with the supplier.

나는 우리가 공급자와 다른 회의를 요구하는 것을 제안합니다.

- Let's ask her to start work a week earlier than planned.

그녀에게 일정보다 일주일 정도 일찍 일을 시작하자고 해 봐요.

영어를 쓰는 상황에서 종종 질문을 통해 제안을 하기도 한다.

- Why don't we contact a few alternative suppliers?

다른 대체 가능한 공급자에게 연락해 보는게 어떨까요?

▪ Couldn't we come to the office at the weekend?

저희가 주말에 사무실에 나올 수 없을까요?

▪ What about if you wrote her a letter explaining our position?

당신이 그녀에게 우리의 위치를 설명하는 편지를 쓰면 어떨까요?

이때 제안이 명령이나 지시로 들리지 않게 하며, 동의를 구하도록 만든다. 예를 들어,

▪ That's a good idea. 좋은 생각입니다.

같은 말을 쓴다.

16 의견을 물어볼 때

▪ Do you agree? 동의하세요?

▪ What do you think about that? 어떻게 생각하세요?

▪ Would you like to give us your views on this?

당신의 의견을 말씀해 주시겠어요?

▪ Would you like to comment on that?

그것에 대하여 말씀해 주시겠어요?

▪ Do you think we should ~? 당신은 우리가 ~해야 한다고 생각하세요?

17 동의할 때

- I think you're right. 네 동의합니다.

- That's right. 맞아요.

18 강하게 동의할 때

- Absolutely. I think that's a fantastic idea. I agree completely.
  전적으로요. 저는 그것이 기막히게 좋은 생각이라고 생각해요. 저는 완전히 동의해요.

- Yes, that's definitely true. 맞아요. 동의합니다.

19 잠정적으로 동의할 때

- I think what you're saying is true up to a point.
  저는 당신이 말한 것이 맞는 것 같아요.

- I suppose that might be true.
  당신의 생각이 맞는 것 같습니다.

- I guess I see what you mean.
  당신이 말하는 것이 맞는 것 같습니다.

20 반대할 때

- No, I think you're wrong there. 아니요 제 생각엔 아닌 것 같습니다.

- I'm afraid I can't agree with you there. I don't think that's true.
저는 당신의 생각과 다릅니다. 저는 그렇게 생각하지 않습니다.

- Yes, but ~ 맞아요, 하지만~

- I completely disagree. 저는 완전히 동의할 수 없네요.

21 긍정적 제안을 할 때

- How about if we ~? 우리가 ~한다면 어떨까요?

- Couldn't we just ~? 우리는 단지 ~할 수 없습니까?

- Why don't we ~? 우리가 ~하는게 어떻습니까?

- What about if you ~? 만약 당신이 ~한다면 어떻습니까?

22 제안을 거절할 때

- Sorry, but I'm not able to go along with that.
  죄송하지만, 저는 동의할 수 없습니다.

- Unfortunately, I won't be able to take you up on that.
  불행히도, 저는 동의할 수 없습니다.

- I'm afraid. I can't agree to that.
  저는 동의할 수 없을 것 같습니다.

- I don't think that would be possible.
  저는 그것이 가능하다고 생각하지 않습니다.

23 제안을 수락할 때

- I think we'll go for that. 저는 그렇게 해야 한다고 생각합니다.

- That sounds good to me. 좋은 생각이군요.

- That would be great. 좋습니다.

24 생각 할 시간을 요구할 때

- I'd like a couple of days to think this over.

  저에게 이틀정도 생각할 시간을 주셨으면 좋겠습니다.

- Can I get back to you on that?

  저에게 생각할 시간을 주시겠습니까?

- I need some time to think it over.

  저는 그것에 대해 생각할 시간이 필요합니다.

25 회의를 종료할 때

- Let's finish here. 여기서 마치죠.

- I think that's everything. 제 생각엔 끝난 것 같습니다.

- I think that brings us to an end. 제 생각엔 끝난 것 같습니다.

26 결정과 행동을 확인할 때

- So, to sum up what we've decided ~ 그럼, 저희가 결정한 것을 모아보면~

- Right. I'm going to ~ 맞습니다. 그럼 저는 ~하겠습니다.

- We've decided to ~ 우리는 ~을 결정하였습니다.

- Tracy, you'll ~ Tracy씨 당신은~

27 회의에 온 것을 감사할 때

- Thank you all for coming in today. 오늘 회의에 참석해 주셔서 감사합니다.

- Thank you very much for your time. 오늘 시간 내주셔서 감사합니다.

- Thank you for your hard work. I think we've come up with a lot of good ideas.
  당신의 노고에 감사드립니다. 제 생각에는 많은 좋은 아이디어를 찾은 것 같습니다.

28 미팅을 마치고 헤어질 때

- I look forward to seeing you (all) again soon. 곧 다시 뵙기를 기대합니다.

- I hope you have a safe journey. 편안한 여행되시길 바랍니다.

- Have a safe trip home. 안전하게 집에 돌아가세요.

2 이메일 영어

비즈니스 레터를 쓸 때 요령

일반적으로 왼쪽에 붙여서 글을 쓴다. 회사명과 주소가 있는 편지 양식에도 그렇다. 주소, 인사말 안의 날짜와 단락 전환, 인사말이 나타날 때, 한 줄씩 띄어 쓴다.

이메일 구조

일반적으로 이메일로 편지를 쓰는 경우, 빠르고 직접적이라 편리하다고 볼 수 있다. 우리가 이메일을 어떤 목적을 위해 보낸 뒤, 빠른 대답과 즉각적인 행동을 기대하게 된다. 격식을 갖추건 갖추지 않건, 이메일이 가장 효과적으로 되기 위해서는 명료하고 논리적인 구조를 갖춰야 한다.

1. 제목 간결하고 당신의 메시지의 내용에 대해 구체적 정보를 주어야 한다.

2. 인사 편지를 받는 사람에 따라서 인사말이 격식을 갖추거나 자유롭게 쓸 수 있다.

Dear Mr./ Mrs./ Ms. 처음으로 사람과 연락을 할 때 격식을 갖추어 쓰는 인사

Dear John 전에 만난 적이 있거나 이미 이름을 불러 본 사이에 쓰는 표현

Hi/ Hello Mary 함께 일하는 동료에게 쓰는 자유로운 인사. 가끔 처음으로 만난 사이일 때도 쓰는 경우가 있다.

(인사말 생략) 긴 이메일 교환의 한 부분으로 아주 편하게 대하는 경우

3. 본문 시작 이메일을 쓰는 이유를 나타내며 항상 대문자로 시작한다.

I'm writing to ~ 편지를 쓰는 이유를 좀 더 격식 있게 표현할 때 쓴다.

Just quick note to ~ 편지를 쓰는 이유를 다정하고 자유롭게 쓴다.

4. 결론 이메일을 읽는 사람에게 어떤 종류의 대답을 기대할 때 쓴다.

Looking forward to 격식이 있거나 자유로운 편지에 쓰며 다정하게 끝내는 부분이다.

Hope to hear from you soon. 대답이 필요하다는 자유로운 이메일에 쓴다.

5. 끝맺음 인사말처럼 상대에 따라 격식을 갖출지를 결정하는 것이 일반적이다. '진정한 친구가', '안부를 전하며', '최고의 친구가', '나중에 봐' 등의 뜻을 갖는다.

Yours Sincerely 이메일에는 잘 쓰지 않으며, 매우 격식을 차릴 때

Regards/ Best wishes 가장 일반적인 것으로 모든 상황에서 자유롭게 쓴다.

Bye/ All the Best/ Best 다정하고 편안한 마무리이다.

Cheers 편안하게 마무리 하는 말이다.

다음 상황을 생각하며 상대에게 이메일을 써 보자.

(이메일 제목, 요구사항, 마감일, 마무리 글 등을 포함한다.)

David and Mike both work for a distribution company dealing in mobile phones.

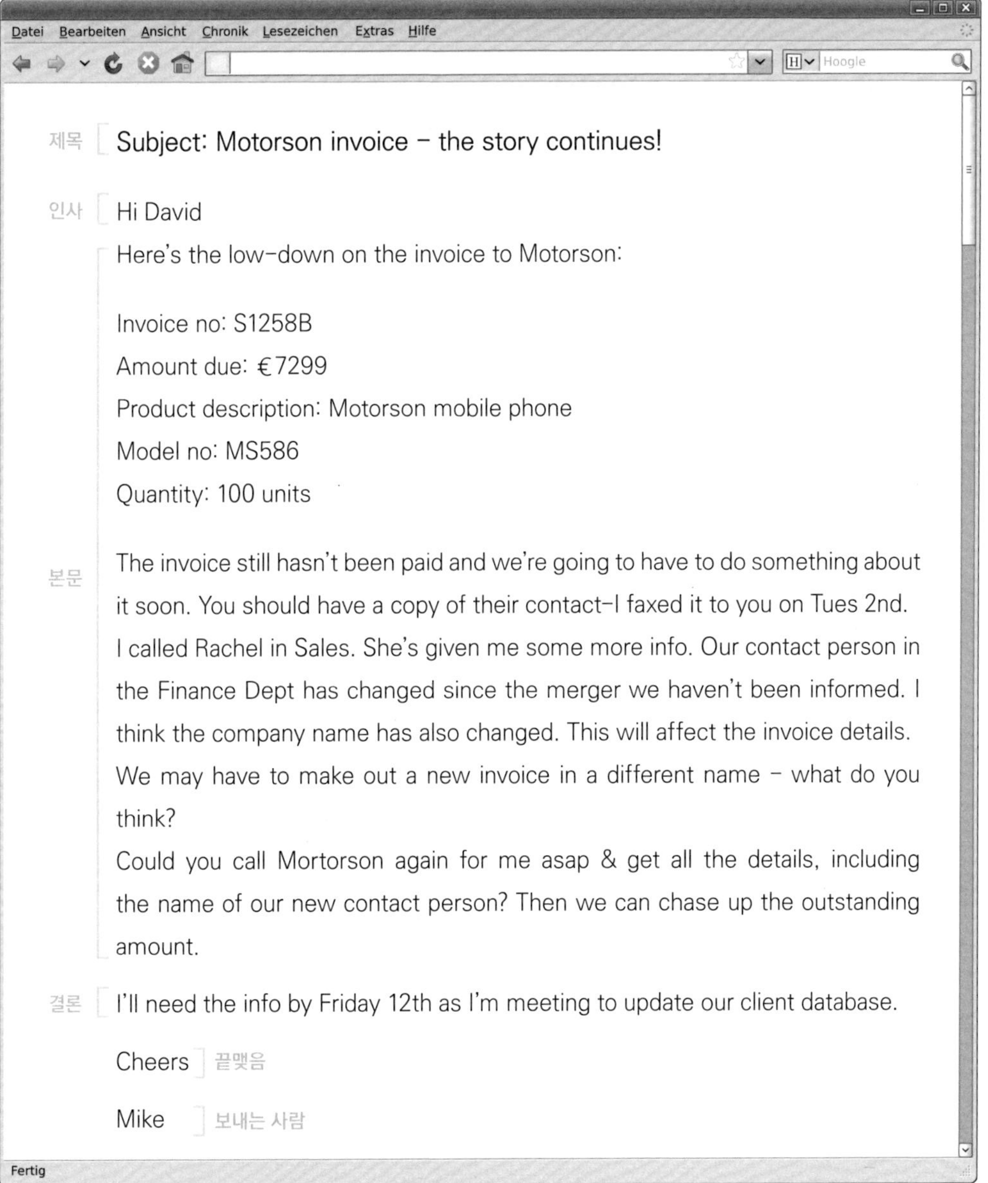

제목 Subject: Motorson invoice – the story continues!

인사 Hi David

Here's the low-down on the invoice to Motorson:

Invoice no: S1258B

Amount due: €7299

Product description: Motorson mobile phone

Model no: MS586

Quantity: 100 units

본문 The invoice still hasn't been paid and we're going to have to do something about it soon. You should have a copy of their contact–I faxed it to you on Tues 2nd.

I called Rachel in Sales. She's given me some more info. Our contact person in the Finance Dept has changed since the merger we haven't been informed. I think the company name has also changed. This will affect the invoice details. We may have to make out a new invoice in a different name – what do you think?

Could you call Mortorson again for me asap & get all the details, including the name of our new contact person? Then we can chase up the outstanding amount.

결론 I'll need the info by Friday 12th as I'm meeting to update our client database.

Cheers 끝맺음

Mike 보내는 사람

실전 연습 및 과제 Practice & Assignment

1. 동료에게 간단한 이메일을 쓰시오. Steven의 은퇴기념 파티에 대해 말하시오.
Write a short email to a colleague. Tell him/her about Steven's retirement party.
·retirement party: 은퇴기념 파티

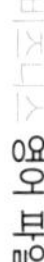

2. 아래와 같은 정보를 가지고 이메일을 쓰시오. You receive the information below.

Can you ask that guy Brian who you met at the last international trade fair if he can send us some info about their new product? it would be great if he could give us a demo too!

Brian에게 이메일을 쓰시오. 그러나 당신은 그를 무역박람회에서 한 번 만나서 명함을 교환했을 뿐이라는 것을 명심하고 글을 쓰시오.
Write an email to Brian, but remember, you've only met him once at a trade fair and exchanged business cards.

실전 연습 및 과제 Practice & Assignment

3. 조치를 요구하는 이메일을 동료에게 쓰시오.

Write an email to your colleague requesting action.

다음의 내용을 포함하여 이메일을 쓰시오.

·deadlines of the reports(리포트 마감일)
·information about competitor's new product(경쟁사 신제품 정보)
·minutes of last meeting(지난 회의의 세부내용)

4. 새로운 제품 홍보를 논의하기 위해 당신의 동료와 회의를 준비할 필요가 있다. 그 회의는 약 2시간 걸린다. 이것을 준비하기 위한 이메일을 동료에게 쓰시오.

You need to set up a meeting with your colleague to discuss a new promotion. The meeting will take about two hours. Write an email to your colleague to arrange this.

5. 고객에게 이메일을 쓰시오. 당신은 새 홍보책자를 갖고 있으며, 그것은 오늘 게재될 것이다. 그러나 가격이 바뀌어졌다!

Write an email to a client. You have some new brochures, which will be in the post today. The prices have changed though!

6. 당신은 부서를 바꾸기 전에 Carol과 몇 년 동안 일했다. 그녀에게 이메일을 써 보자.

You worked with Carol for many years before changing departments. Send her an email.

7. 당신은 작은 회의를 계획하고 있다.그리고 몇몇 호텔로부터 제안을 받고 싶다. 정보를 요청하는 편지를 써보자.

You are organizing a small conference and would like to receive an offer from a few hotels. Write a letter asking for some information.

8. 당신은 제품 주문을 3주 동안 기다렸다. 당신의 공급자에게 이미 보낸 리스트들을 달라고 요구하는 이메일을 쓰시오.

You have waited three weeks for an order of goods. Send an email, asking your supplier to send you a list of what has already been sent.

실전 연습 및 과제 Practice & Assignment

9. 당신의 팀에 당신의 휴가가 언제인지 알려 주는 이메일을 쓰시오. 당신이 부재시 연락할 사람이 누구인지 말해 주시오.

Send an email to your team, informing them when you are on holiday. Tell them who will be the contact person while you're away.

10. 당신의 고객에게 만날 시간과 날짜를 제안하는 글을 쓰시오. 당신은 장소를 제시하고 싶다.

Write to a client, suggesting a date & time to meet. You would like him/her to suggest the place.

3 취업 영어

1. 자기소개서(Cover Letter) 쓰기

온라인으로 지원을 하건, 우편으로 커버 레터를 보내건 간에 적절한 언어를 쓰는 것이 중요하다. 자유로운 언어를 때때로 커버 레터에 쓰기는 하지만, 좀 더 격식을 갖춘 언어들이 보다 더 전문적인 인상을 줄 수 있다.

1) 도입

커버 레터의 첫 번째 단락은 반드시 당신이 지원하는 일자리를 자세하게 써야 한다. 그리고 관련이 있다면 당신이 일자리에 대해 알게 된 광고나 개인 추천서 등을 언급하면 좋다.

2) 본론

여기에서는 당신이 왜 이 자리에 적임자인지를 보여 줄 필요가 있고 관련된 주요 경험이나 기술을 강조할 필요가 있다. 중요한 것은 당신의 기술 증거들을 분명하게 보여 주는 것이 중요하다. 당신이 그 자리에 훌륭한 사람이라는 것을 보여 줄 수 있는 증거를 제시할 수 있어야 한다.

3) 마무리

커버 레터의 마지막 단락은 당신을 매력적으로 만들 수 있는 글이 되어야 효과적이다. 당신이 지원하는 인상을 좋게 남겨야 하며 당신을 인터뷰하고 싶게 만들어야 한다.

2. 인터뷰(Interview) 준비

모든 인터뷰에서 당신은 자신에 대해 이야기를 해야 하는데 인터뷰를 하는 사람은 반드시 당신에 대해 질문하게 된다. 당신이 그 일을 할 수 있는 유형의 사람인지를 알고 싶어 하게 된다. 그리고 회사의 나머지 구성원과 잘 어울릴 수 있는 개성을 가졌는지도 알고 싶을 것이다.

다음에 나오는 질문을 가지고 인터뷰 연습을 해 보자.

- Can you tell us something about yourself?
  당신 자신에 대해 우리에게 어떤 것을 말할 수 있습니까?
- What did you learn during your time at university?
  대학 때 무엇을 배웠습니까?
- What kinds of things do you worry about?
  어떤 종류의 일들을 걱정하십니까?
- Would you say you're an ambitious person?
  당신이 야심 있는 사람이라고 말하겠습니까?

다음의 예상되는 질문을 하고 대답하는 연습을 해 보자.

- What do you see as your strengths?
  당신은 장점을 어떻게 생각하고 있습니까?
- What university did you attend, and why did you choose it?
  당신은 어떤 대학교를 다녔으며, 왜 그것을 선택했습니까?
- What are your weaknesses?
  당신의 단점은 무엇입니까?

- What do you like doing in your spare time?

여가 시간에 무엇 하는 것을 좋아 하십니까?

다음은 직업 적성과 관련하여 많이 나오는 질문이니, 주의하여 준비하면 좋다.

- Tell me about a time when you had to make a difficult decision.

저에게 당신이 어려운 결정을 내려야만 했을때에 대해 말씀해 주세요.

- Tell me about a time when you demonstrated good customer service.

저에게 당신이 좋은 교객서비스를 보여 줬을 때를 말씀해 주세요.

- Tell me about a time when you showed strong leadership skills.

저에게 당신이 강한 리더쉽 기술을 보여 줬을 때를 말씀해 주세요.

- Tell me about a time when you played an important role in a team.

저에게 당신이 팀에서 중요한 역할을 했을 때를 말씀해 주세요.

- Tell me about a time when you experienced pressure at university or at work.

저에게 당신이 대학교나 직장에서 압력을 경험했을 때를 말씀해 주세요.

CV 작성 예

Home address (집 주소)	42 Hampstead Rd London NW3	Date of Birth (생년월일)	14February 1986
		Nationality (국적)	Italian
Telephone (전화번호)	44 (0) 207 862 4567		
Email (이메일)	s_carnali@hotmail.com		

Education (학력)

2014-present The School of Oriental and African Studies

2010-2013 University College London(UCL)
·BA(Geography)

2008-2010 ABC High School

Professional Experience (경력)

2008 Project Volunteer:
Sustainable Solutions(NGO), Kenya (6 months)

2011-2012 Communications Officer: *University College London* (1 year)

2010 Activity Leaders: *Concord College Summer School, Shropshire*, UK (2 months)

Activities and Interests (주요 활동 및 관심 분야)

2012 Mountain Trekking in South America (1 month)

2008-present Greenpeace Active Member (5 year)

Languages (언어)	Italian (mother tongue), English (fluent), Spanish (upper intermediate)
Computer Skills (컴퓨터 기술)	Full command of Microsoft Office Suite
Driving (운전 면허)	Full current driving licence

당신의 관심사를 쓸 때 꼭 필요한 사항들에 대해 알아보자.

다음과 같은 표현들을 써서 자신을 나타내면 좀 더 긍정적인 인상을 받을 수 있다.

·active: 적극적인

·avid: 열정적인

·committed: 전념하는

·dedicated: 헌신적인

·experienced: 경험 많은

·expert: 전문가

·keen: 전문적인

·proficient: 능숙한

·qualified: 자격 있는

·successful: 성공적인

보내는 사람 (주소, 시간)

Jane Nuttall
71 Lambert Road Brixton
London SW2 5XL
1 December 2008

Ms. Diana Allsopp
Recruitment Manager
McClure and Company
Russell Square
London WC1C 9SE

받는 사람 (직책, 회사, 주소)

Dear Mrs. Allsopp

인사말

I am a final-year student at King's College London reading Economics, and would like to apply for an Associate Consultant position with McClure and Company, as advertised on www. monster.com.

본론

Management consultancy appeals to me because it combines analytic research across a wide range of business situations with frequent client contact. I recently attended a McClure and Company workshop run by Charlotte Penton-Smith, and she gave a very positive impression of the company. I was particularly impressed by the excellent in-house training programme which she described, and I would welcome the opportunity to work in such a close-knit team of supportive colleagues.

During my time at King's College I have employed a variety of different research methods, and am familiar with the analytical applications of spreadsheets. For example, for my recent dissertation, I used Excel to compare the effects of tax increases on alcohol and tobacco consumption. In addition, when I was working at the Willition branch of Costcutter over the summer, I presented suggestions for improving the layout of the store to the regional management team. They decided to put these ideas into effect and sales rose by 7% over the autumn quarter.

During my free time, I sing in and manage a jazz band, arranging concerts and managing the band's accounts. I very much enjoy collaborating with a team of people with similar interests and working towards shared goals. I am also learning Italian by attending weekly evening classes and studying on my own towards the A-level exam next June.

본론

I enclose a copy of my CV and hope very much to be invited for interview.

결론

Yours sincerely 맺음말

Jane Nuttall 보내는 사람

3. 전화영어

1) 누군가와 통화를 시도할 때 쓰는 표현

- I'm trying to get through to Baker. He asked me to call him this morning. I'm actually trying to get through.

  저는 Baker와 통화하려고 합니다. 그는 저에게 오늘 아침 전화하라고 했습니다. 제가 실제로 통화하려고 하고 있습니다.

- Marie Dupont. You're from France, aren't you? - No, I'm from Belgium.

  Marie Dupont. 당신은 프랑스 출신이지요? - 아니요. 저는 벨기에 출신입니다.

- Can I talk to Kevin? - He's not here.

  제가 Kevin하고 통화할 수 있습니까? - 그는 여기 없습니다.

- Would you like to leave a message? - No, I'll call back later.

  당신은 메시지를 남기시겠습니까? - 아니오. 제가 나중에 전화하겠습니다.

- Can I call you tomorrow? - I won't be in the office tomorrow.

  제가 내일 당신에게 전화할 수 있습니까? - 저는 내일 사무실에 없습니다.

- Jane's line is engaged. Shall I tell her to call you back?

  Jane은 통화중입니다. 제가 그녀에게 당신께 전화하라고 말해 드릴까요?

2) 상황별 전화 영어 표현

① 자신소개

- Jones speaking.

  제가 Jones입니다.

▪ This is Robert Smith from ABC Enterprises.

저는 ABC회사의 Robert Smith입니다.

▪ Hello, Jane. It's Elena here.

여보세요. Jane. 저는 Elena입니다.

② 바꿔주기

▪ Can I speak to Mark, please?

제가 Mark하고 통화할 수 있습니까?

▪ I'd like to speak to Baker, please.

저는 Baker하고 통화하고 싶습니다.

▪ I actually wanted to speak to Pat.

저는 실제로 Pat와 통화하고 싶습니다.

▪ Is Pascal there at the moment?

지금 거기 Pascal 있습니까?

③ 부재 시

▪ I'm afraid his line is engaged.

저는 그가 통화 중이라 유감입니다.

▪ I'm afraid Pat isn't available at the moment.

저는 Pat이 지금 통화가 안되어 유감입니다.

▪ I'm afraid she is in a meeting.

저는 그녀가 미팅 중이라 유감입니다.

▪ Can I take a message?

제가 메시지를 전해드릴까요?

▪ Would you like to call back later?

나중에 전화해 주실래요?

보통 일반적인 이름이나 사람 이름을 가지고 알파벳을 알려 준다.
가령, NATO를 말하려면 That's N for Neil, A for Apple, T for Thomas, O for Orange.
이때, N for Neil이나 N as in Neil(AE)이라고 하지만 N like Neil라고 하지 않는다.

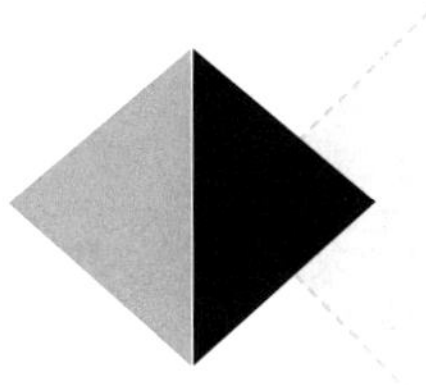

필수 표현 정리

1. 통화 시작

- I'm calling about ~
- I have a question about ~
- I wanted to ask about ~
- Are you the right person to ask?

2. 정보 교환

- What was your question?
- What would you like to know?
- Could you tell me ~?

3. 정보 확인

- Would you like me to spell that for you?
- Did you say ~?
- Sorry, I didn't catch that.
- Let me just read that back to you.
- Let me just check that.

4. 메시지 받기

- I'm afraid [name] isn't here at the moment.
- Would you like to leave a message for her/him?
- Let me just check (that) I've got that right.
- Shall I tell [name] to call you back?
- Does [name] have your number?
- I'll make sure [name] gets your message.
- I'll tell him/let him know that you called.

5. 메시지 남기기

- This is [name]. I'm calling about ~
- [name] asked me to call her/him (back).
- I just wanted to check/confirm/ask if ~
- Could you ask her/him to call me back?
- I'll be in the office today until ~

6. 약속하기

- I was wondering if you might have time to meet next week.
- What day/When would suit you?
- Can we fix a meeting for Tuesday?
- How about Monday morning?
- Shall we say nine o'clock at my office?

7. 약속 변경

- I'm calling about our appointment.
- I'm afraid something has come up.

8. 지각 통보

- I'm afraid my meeting has taken longer than I expected.
- I might be a few minutes late.
- I should be there by 3.15 at the latest, but I'll call you again if there are any more delays.
- wanted to ask you if we could postpone/bring forward our meeting.
- Could we possibly reschedule/cancel our appointment?

9. 불만 표시

- I'm afraid there's a slight problem with the goods you sent us.
- Unfortunately it seems we haven't received the shipment.
- It seems you forgot the attachment OR You seem to have forgotten the attachment.
- There appears to be a small problem with your latest consignment.

10. 사과

- I'm sorry about ~
- I'd like to apologize for ~ (more formal)
- Please accept my/our apologies for ~ (very formal)
- I'm very/extremely sorry about this.
- I have to say I'm really very sorry about this.
- That's entirely our fault.
- There must have been a mix-up.

11. 문제 해결

- I'll get on to that problem immediately.
- I'll make sure it gets sorted out straight away.
- I'll personally make sure it doesn't happen again.
- You should have them first thing tomorrow morning.
- You should have it by Friday at the latest.

12. 문제 설명

- There seems/appears to be a problem with ~
- I'm afraid there's a problem with ~

- Unfortunately, you/we ~

13. 사과

- I'm (really/very) sorry about that.
- I have to say I'm extremely sorry about this.
- Please accept my apologise.

14. 스케줄 설명

- This is what I'm going to do.
- I'll send/revise/prepare ~
- I'll make sure it doesn't happen again.

15. 가능성 언급하기

- Would you be prepared to pay more for the chips in order to get them faster?
- If you weren't able to deliver by then, we would have to go to another supplier.
- If we introduced shift work at the factory, then we could manufacture the chips faster.

16. 의심 또는 자신이 없을 때

- We could probably work with that.
- We might be able to work with that.
- I would say (it would be) between 5 to 10 per cent more expensive.
- I think I can provisionally say that we could work with that.

17. 부가의문문 사용하여 제안하기

질문

- How does that sound?
- What do you think?
- Is that OK?

부가의문문

- You'll be in the office tomorrow, won't you?
- You said you wanted to compare prices, didn't you?

(참고) 정중하게 끼어들며 이야기할 때 쓰는 표현들

Yes, yes, but	can I just say something?
Sure, but	can I interrupt you there (for a second)?
Sorry, (but)	can I stop you there?
Of course, but	

18. 제안하기

- I wanted to ask if there was any possibility of ~
- Would you be prepared to ~?
- What if we ~?

19. 반응하기

- That sounds like it would be feasible.
- That sounds reasonable.
- That depends.
- I don't think that would be possible.